Carrément cuisine

100 RECETTES
d'Asie

hachette
CUISINE

Ce livre, c'est 100 recettes goûtées et approuvées, variées et simples à préparer avec des ingrédients faciles à trouver... la base du bon livre de cuisine ! Mais nous avons voulu vous apporter plus encore avec des astuces et des idées qui font débuter le plaisir de cuisiner dès l'ouverture du livre.

1. Fini les listes de courses griffonnées sur de petits papiers que l'on ne retrouve jamais ou qui traînent au fond du cabas. **Choisissez les recettes qui vous font envie, sortez votre smartphone et tagguez le QR code qui figure en bas de la liste des ingrédients.**
Vous y aurez accès quand bon vous semblera ! *(Nous vous conseillons d'utiliser les applications i-nigma, Qrafter ou qr scanner disponibles gratuitement sur iPhone et Androïd).*

2. Fini le manque d'inspiration au moment du choix de votre recette. **Les chapitres du livre ont été pensés par pays d'Asie. Près de 100 recettes issues d'Asie sont rassemblées dans des chapitres imaginés autour de divers pays du continent asiatique.**
Faites ainsi votre choix et composez votre menu en un clin d'œil.

« 100 recettes d'Asie » ce sont :

- Des plats **chinois** variés
  > *Rendez-vous page 12*
- Des recettes **japonaises** pour tous les goûts
  > *Rendez-vous page 56*

- Des saveurs originales issues du **Vietnam**
  > Rendez-vous page 100
- De délicieux grands classiques **thaïlandais** et **cambodgiens**
  > Rendez-vous page 144
- Des spécialités **coréennes** à découvrir
  > Rendez-vous page 192
- Des plats **indonésiens** à déguster
  > Rendez-vous page 210

3. Et parce qu'on n'a jamais trop d'idées, vous trouverez au début de ce livre **des sommaires illustrés divisés en fonction des ingrédients présents dans les recettes**, selon votre envie du moment.

- **Envie de soupes ou de salades ?** Salade de nouilles chinoises instantanées aux légumes sautés, Salade d'algues aux champignons enoki, Soupe miso au tofu, Salade de papaye verte et tomates cerise, Soupe de chou coréenne, etc.
  > Rendez-vous page 6
- **Envie d'accompagner votre plat ?** Riz blanc et riz cantonais, Nouilles sautées, Onigiris, Omelette dashi, Nems grillés au porc, Brioches à la vapeur, Wok de légumes, Riz sauté, Légumes urap, etc.
  > Rendez-vous page 8
- **Envie d'un plat de poisson ou de viande ?** Porc à l'aigre-douce, Bœuf aux oignons, Poisson cha ca, Crevettes grillées sauce saté, Daurade rôtie, Amok de poisson, Bœuf mariné loc lac, Barbecue coréen, Saté de poisson, etc.
  > Rendez-vous page 10

SOMMAIRE

1. CHINE

2. JAPON

3. VIETNAM

4. THAÏLANDE / CAMBODGE

5. CORÉE

6. INDONÉSIE

1

Quelques suggestions de recettes

DE SOUPES ET SALADES

1 • Salade de nouilles chinoises instantanées aux légumes sautés p. 16

2 • Soupe de raviolis aux crevettes p. 28

3 • Salade d'algues aux champignons enoki p. 68

4 • Soupe miso au tofu p. 72

5 • Bouillon de citronnelle aux légumes et crevettes grises p. 150

6 • Salade de papaye verte et tomates cerise p. 154

7 • Soupe de chou coréenne p. 196

1

2

3

6

7

8

11

12

13

4

5

9

10

14

15

Quelques suggestions de recettes

D'ACCOMPAGNEMENTS

Et aussi…

1

2

3

6

7

8

11

12

13

Quelques suggestions de recettes

DE PLATS DE VIANDES ET DE POISSONS

Et aussi…

1. CHINE

RIZ BLANC ET RIZ CANTONAIS

Pour 6 personnes / 20 min de préparation / 25 min de cuisson

Ingrédients

250 g de riz blanc parfumé ou rond
2 œufs
1 petit blanc de poireau
1 morceau de gingembre frais
2 tranches de jambon
1 poignée de petits pois
1 poignée de maïs en boîte, égoutté
1 cuil. à soupe d'huile de sésame
Huile végétale
Sel, poivre

Matériel

Cuiseur à riz

1. Préparez le riz blanc parfumé ou rond. Réunissez dans le bol du cuiseur à riz 30 cl d'eau et le riz préalablement rincé à l'eau froide. Couvrez, enclenchez le cycle de cuisson.

2. Préparez le riz cantonais. Cassez les œufs dans un bol, salez, poivrez et battez-les avec une fourchette. Faites-les cuire dans une poêle très chaude, avec un peu d'huile végétale, en remuant constamment avec une fourchette. Transférez les œufs cuits sur une assiette, émiettez-les sommairement. Épluchez et hachez finement le poireau et le gingembre. Coupez le jambon en petits dés.

3. Faites chauffer le wok à feu moyen avec 1 trait d'huile végétale. Ajoutez le poireau et le gingembre, faites cuire 2 min en remuant. Ajoutez les petits pois, le maïs, laissez cuire 2 à 3 min, puis incorporez le riz cuit et chaud. Mélangez, ajoutez les œufs et le jambon coupé en petits dés. Salez et poivrez, mélangez délicatement. Hors du feu, ajoutez l'huile de sésame, mélangez et servez aussitôt.

CONSEILS

Pour le riz nature, choisissez un riz parfumé. Pour le riz cantonais, vous pouvez prendre un simple riz rond.

SALADE DE NOUILLES CHINOISES INSTANTANÉES AUX LÉGUMES SAUTÉS

Pour 4 personnes / 15 min de préparation / 13 min de cuisson

Ingrédients

2 sachets de nouilles chinoises instantanées (sans les sachets d'assaisonnement)
½ chou chinois
3 oignons verts
1 poivron rouge
100 g de pois gourmands
½ bouquet de coriandre
1 cuil. à soupe de graines de sésame
1 filet d'huile de tournesol

Pour la sauce

Le jus de 1 citron vert
2 cuil. à soupe d'huile de sésame
1 cuil. à soupe de sauce soja

1. Cassez les blocs de pâtes instantanées en plusieurs morceaux dans un saladier. Faites bouillir de l'eau et versez-la sur les pâtes, puis laissez gonfler.

2. Émincez finement le chou chinois ainsi que les oignons verts et le poivron. Rincez les pois gourmands.

3. Dans un wok, faites chauffer l'huile d'olive et faites-y sauter les légumes émincés à feu vif, en remuant souvent à l'aide de 2 spatules pendant 10 min : ils doivent devenir tendres.

4. Égouttez les pâtes et ajoutez-les dans le wok avec les légumes. Mélangez le tout et transvasez dans un saladier.

5. Préparez la sauce en mélangeant tous les ingrédients.

6. Versez-la sur les pâtes aux légumes et parsemez de coriandre effeuillée et de graines de sésame au dernier moment.

CROQUETTES DE PATATES DOUCES

Pour 4 personnes environ / 20 min de préparation / 40 min de cuisson

Ingrédients

1 kg de patates douces
1 oignon
1 botte de ciboulette
1 œuf entier
Un peu de farine
10 cl d'huile d'arachide
Sel, poivre

1. Épluchez les patates douces, rincez-les et épongez-les. Coupez-les en gros cubes puis faites-les cuire dans une casserole d'eau bouillante pendant 30 min.

2. Pendant ce temps, épluchez l'oignon et hachez-le très finement. Nettoyez la ciboulette sous l'eau fraîche, égouttez-la bien sur du papier absorbant, puis ciselez-la.

3. Lorsque les patates douces sont cuites (vérifiez la cuisson en plongeant la lame d'un couteau dans un cube de patate douce ; elle doit s'enfoncer facilement), égouttez-les puis remettez-les dans la casserole ou dans un saladier.

4. Écrasez les cubes de patates douces en purée à l'aide d'une fourchette ou d'un presse-purée, puis ajoutez l'œuf entier, l'oignon et la ciboulette. Salez, poivrez et mélangez bien à l'aide d'une fourchette.

5. Farinez vos mains et formez des boulettes de la taille d'une grosse noix. Faites chauffer l'huile dans une grande poêle. Faites-y frire rapidement les croquettes, à feu assez vif. Au fur et à mesure qu'elles sont prêtes, déposez-les sur du papier absorbant, dans un plat allant au four, et conservez-les au chaud dans le four jusqu'au moment de servir.

BEIGNETS DE CREVETTES

Pour 4 personnes / 20 min de préparation / 3 à 4 min de cuisson

Ingrédients
½ botte de ciboulette
300 g de crevettes crues décortiquées
Le jus de ½ citron + 1 citron pour le service
1 cuil. à soupe de saké
1 œuf
1 cuil. à soupe de farine de riz
100 g de chapelure
Huile végétale pour la friture
Sel, poivre

Matériel
Robot mixeur

1. Rincez et émincez finement la ciboulette. Incisez le dos des crevettes afin de retirer le boyau noir.

2. Dans le bol d'un robot mixeur, mettez les crevettes avec le jus de citron, le saké, l'œuf, la farine de riz, du sel et du poivre. Actionnez le robot jusqu'à l'obtention d'une pâte homogène. Ajoutez alors la ciboulette et mélangez bien.

3. Disposez la chapelure dans une assiette et faites chauffer l'huile dans une poêle. À l'aide d'une cuillère à soupe, prélevez un peu de pâte et façonnez-la en boule. Faites-la rouler dans la chapelure avant de la faire frire, renouvelez l'opération jusqu'à ce qu'il n'y ait plus de pâte. Laissez cuire 3 à 4 min. Il faut que les beignets soient bien dorés.

4. À l'aide d'une écumoire, retirez les beignets de l'huile et disposez-les sur du papier absorbant. Servez-les rapidement avec des quartiers de citron.

VARIANTES

Vous pouvez remplacer le jus du citron par du bouillon dashi (voir étape 2 p. 68) : comptez environ 4 à 5 cuil. à soupe.
La préparation peut être enrichie avec du piment, du gingembre haché ou des petits morceaux d'algue.

WONTONS TRADITIONNELS PORC ET CHOU CHINOIS

Pour 24 wontons / 45 min de préparation / 10 min de cuisson

Ingrédients

400 g de chou chinois
200 g de porc haché
24 feuilles de pâte pour wontons
1 cuil. à café d'huile de sésame
1 cuil. à soupe d'huile de tournesol
1 cuil. à café de sel

Pour l'assaisonnement

1 cuil. à soupe de saké
2 cuil. à soupe d'huile de sésame
1 cuil. à café de sauce d'huître
1 cuil. à soupe d'œuf battu
1 cuil. à soupe de Maïzena
1 pincée de poivre

Pour la soupe

80 cl de bouillon de poule
1 cuil. à soupe de saké
1 cuil. à café de sauce soja
15 g de gingembre frais râpé
Sel, poivre

1. Faites bouillir 2 l d'eau avec le sel et l'huile de tournesol. Ajoutez le chou chinois, faites-le blanchir 1 min, puis plongez-le immédiatement dans de l'eau glacée. Enveloppez-le dans un torchon pour bien l'essorer. Séparez la partie blanche et la partie verte du chou, hachez la partie blanche. Vous pouvez utiliser la partie verte à la place des feuilles de wontons. Dans ce cas, ajoutez 1 cuil. à soupe de fécule dans la farce.

2. Mettez le porc dans un grand saladier, ajoutez tous les ingrédients de l'assaisonnement, le chou haché et malaxez bien. La farce doit être un peu collante.

3. Disposez la feuille de wonton dans la paume de votre main. Mettez 1 cuil. à café bombée de farce au centre de chaque feuille de wonton. Relevez les bords de la feuille afin qu'elle colle à la farce et tordez-les légèrement. La farce doit être bien serrée dans le centre la feuille, dont les bords formeront des plis comme une bourse.

4. Faites bouillir une grande casserole d'eau. Ajoutez l'huile de sésame et plongez-y doucement les wontons. Lorsqu'ils remontent à la surface, laissez-les cuire encore 1 min, puis retirez-les avec une écumoire.

5. Pendant ce temps, portez à ébullition les ingrédients de la soupe. Laissez frémir. Disposez les wontons dans les bols. Versez la soupe par-dessus et servez aussitôt.

SIU MAI AU PORC, TOFU ET SHIITAKÉS

Pour 16 siu mai / 30 min de préparation / 15 min de cuisson

Ingrédients
100 g de porc haché
16 feuilles de pâte pour siu mai
Pour la farce
4 champignons shiitakés frais
1 petit blanc de poireau
200 g de tofu très ferme
Pour l'assaisonnement
2 ½ cuil. à soupe de Maïzena
1 cuil. à café d'huile de sésame
1 cuil. à café de sauce soja
¼ de cuil. à café de sel
1 pincée de poivre
Matériel
Cuit-vapeur

1. Préparez la farce. Nettoyez bien les champignons et hachez-les grossièrement. Émincez le poireau. Égouttez bien le tofu et écrasez-le grossièrement avec une fourchette.

2. Mettez le porc et l'assaisonnement dans un grand saladier. Ajoutez les champignons, le poireau et le tofu, et malaxez bien à la main jusqu'à ce que la farce devienne un peu collante.

3. Formez les siu mai. Disposez, bien à plat, la feuille de siu mai dans la paume de votre main. Placez 1 cuil. à café bombée de farce au centre de la feuille. Relevez les bords de la feuille afin qu'elle colle à la farce, tout en donnant au siu mai une forme cylindrique. Normalement, les bords de la feuille devraient dépasser de 1 ou 2 mm seulement. Rabattez ceux-ci sur la farce. Aplatissez le haut et le bas du siu mai.

4. Faites chauffer le cuit-vapeur. Disposez les siu mai dans le panier et faites-les cuire pendant une quinzaine de minutes. Servez aussitôt.

À SAVOIR

Il est beaucoup plus facile de trouver des feuilles de pâte à wontons qu'à siu mai. Les feuilles pour wontons remplacent très bien celles pour siu mai, à l'exception près que les premières sont carrées tandis que les secondes sont rondes. Vous pouvez soit les découper à l'emporte-pièce (à défaut, aux ciseaux), soit les utiliser telles quelles : dans ce cas, vous aurez juste de plus grands siu mai avec un peu plus de plis.

BOUILLON DE CRABE À LA CITRONNELLE

Pour 4 à 6 personnes / 20 min de préparation / 20 min de cuisson

Ingrédients
2 carottes
1 blanc de poireau
2 gousses d'ail
2 tomates bien mûres
2 tiges de citronnelle
5 feuilles de combava
½ bouquet de coriandre
Le jus de 1 citron vert
200 g de chair et pattes de crabes (frais ou en boîte)
2 cuil. à soupe d'huile d'olive
Sel, poivre

1. Pelez et découpez des fines lamelles de carottes dans la longueur. Coupez les lamelles en deux ou trois puis taillez de fins bâtonnets pour réaliser une julienne. Lavez le poireau, coupez-le en trois puis coupez chaque morceau en deux dans l'épaisseur. Taillez-les ensuite en fines lamelles dans le sens de la longueur. Pelez et hachez les gousses d'ail. Retirez le pédoncule et coupez les tomates en quartiers en prenant soin de retirer les graines à l'intérieur. Retirez les premières feuilles des tiges de citronnelle et coupez les bâtons en fines rondelles.

2. Dans une cocotte, faites revenir dans l'huile d'olive, pendant 3 à 4 min, la julienne de carottes et de poireau, les gousses d'ail et les tiges de citronnelle. Ajoutez ensuite les tomates, les feuilles de combava puis versez 1,2 l d'eau et faites mijoter pendant 15 min.

3. Effeuillez et ciselez la coriandre, pressez le jus du citron vert, ajoutez-les dans la cocotte ainsi que le crabe égoutté. Salez et poivrez légèrement avant de servir la soupe bien chaude.

À SAVOIR

Le combava est un agrume exotique, cousin du citron, que vous trouverez dans les épiceries asiatiques.

京都東山
御守護
慈照禅寺

SOUPE DE RAVIOLIS AUX CREVETTES

Pour 6 personnes / 30 min de préparation / 2 h 05 de cuisson

Ingrédients

Carrés de pâte pour raviolis
4 cuil. à soupe d'huile de sésame
Quelques tiges de ciboule

Pour le bouillon de volaille

1,5 kg d'ailes de volaille
2 oignons
1 poireau
2 gousses d'ail
2 tiges de citronnelle
4 champignons chinois
1 morceau de gingembre
1 étoile d'anis (badiane)
7 ou 8 grains de poivre

Pour la farce

1 morceau de gingembre
1 oignon nouveau
350 g de queues de crevettes crues
5 tiges de ciboule
5 champignons chinois réhydratés
110 g de pousses de bambou
1 blanc d'œuf
Sel, poivre

1. Préparez le bouillon. Dans une marmite, assemblez les ailes de poulet et 4 l d'eau environ. Portez à ébullition, écumez. Ajoutez tous les autres ingrédients, épluchés ou non, coupés grossièrement. Faites cuire à petit feu pendant 2 h, en dégraissant de temps à autre. Filtrez le bouillon et ne gardez que le bouillon et les champignons. Hachez grossièrement ces derniers.

2. Préparez la farce. Épluchez le gingembre et l'oignon. Décortiquez les crevettes. Hachez tous les ingrédients de la farce. Dans un saladier, mélangez les crevettes avec du poivre, du sel, le blanc d'œuf ainsi que tous les ingrédients hachés, afin d'obtenir une farce assez homogène. Placez-la dans un carré de pâte. Humectez les bords, rapprochez-les et soudez-les hermétiquement.

3. Au moment de passer à table, faites frémir le bouillon réservé, à la limite de l'ébullition. Plongez les raviolis dedans (comptez-en 5 ou 6 par personne), faites-les cuire 4 à 5 min, pas beaucoup plus. Ajoutez l'huile de sésame, les champignons réservés et toute la ciboule hachée. À l'aide d'une louche, répartissez le tout dans des bols individuels et dégustez bien chaud.

ASTUCE

Vous trouverez des sachets de carrés de pâte pour raviolis au rayon frais des magasins asiatiques.

NOUILLES CHINOISES SAUTÉES AU THON MARINÉ

Pour 4 personnes / 20 min de préparation / 2 h de marinade / 15 min de cuisson

Ingrédients

4 beaux steaks de thon
4 oignons nouveaux
1 poivron rouge
200 g de nouilles chinoises aux œufs
100 g de pousses de soja
1 pincée de piment
8 brins de coriandre fraîche
3 cuil. à soupe d'huile d'arachide
Sel, poivre

Pour la marinade

2 cuil. à soupe de miel
4 cuil. à soupe de sauce soja
2 cuil. à soupe d'huile de sésame
3 cuil. à soupe de graines de sésame

1. Coupez les steaks de thon en cubes. Préparez la marinade : dans un saladier, mélangez le miel avec la sauce soja, l'huile de sésame et les graines de sésame. Salez et poivrez. Ajoutez les morceaux de thon et mélangez. Filmez et laissez mariner pendant 2 h au frais.

2. Épluchez et émincez finement les oignons nouveaux. Lavez et videz le poivron rouge, puis coupez-le en lanières.

3. Égouttez le thon et réservez la marinade. Faites chauffer 1 cuil. à soupe d'huile d'arachide dans le wok et faites-y dorer la moitié des cubes de thon pendant 2 à 3 min à feu vif en les retournant régulièrement. Retirez du wok et réservez dans une assiette. Versez 1 cuil. à soupe d'huile d'arachide dans le wok et renouvelez l'opération avec le thon restant. Réservez le tout dans l'assiette.

4. Faites cuire les nouilles chinoises selon les indications du paquet. Égouttez et réservez.

5. Faites chauffer 1 cuil. à soupe d'huile d'arachide dans le wok. Ajoutez les oignons nouveaux, les pousses de soja, le poivron et le piment. Salez et poivrez, puis faites revenir le tout pendant 3 min à feu vif sans cesser de remuer.

6. Versez la marinade dans le wok, ajoutez les nouilles et faites sauter le tout pendant 2 min. Ajoutez les cubes de thon et prolongez la cuisson de quelques minutes, jusqu'à ce que le thon soit bien chaud. Rectifiez l'assaisonnement, parsemez de feuilles de coriandre ciselées et servez immédiatement.

VARIANTE

Vous pouvez remplacer les steaks de thon par des pavés de saumon.

NOUILLES SAUTÉES

Pour 4 à 6 personnes / 20 min de préparation / 15 min de cuisson

Ingrédients
1 carotte
1 oignon blanc
Quelques pois gourmands équeutés
100 g de pousses de bambou
1 petit morceau de blanc de poireau
1 petit morceau de gingembre frais
4 gousses d'ail
4 champignons noirs, réhydratés
1 sachet de nouilles chinoises, fraîches
10 cuil. à soupe de sauce soja
4 cuil. à soupe de sauce aigre-douce du commerce ou maison (voir p. 46)
Quelques brins de coriandre
Huile pour la cuisson
Sel, poivre

1. Épluchez la carotte et l'oignon. Coupez-les en fins bâtonnets. Ébouillantez un instant les pois gourmands, coupez-les comme la carotte. Détaillez les pousses de bambou pareillement. Épluchez, puis hachez le poireau, le gingembre et l'ail. Hachez les champignons noirs.

2. Faites bouillir une casserole d'eau, plongez-y les nouilles.Faites-les cuire selon les indications du paquet, puis égouttez les nouilles, en réservant une petite tasse de leur eau de cuisson.

3. Faites chauffer le wok à feu vif avec un bon trait d'huile. Quand elle est bien chaude, ajoutez le gingembre, le poireau, la carotte, l'oignon, les pousses de bambou, les pois gourmands et les champignons noirs. Salez, poivrez et faites sauter pendant 4 à 5 min. Ajoutez les nouilles, mélangez et faites sauter 2 à 3 min de plus.

4. Pendant ce temps, mélangez la sauce soja avec l'ail haché et la sauce aigre-douce. Versez cette préparation sur les pâtes, ajoutez un peu d'eau de cuisson des pâtes, mélangez, laissez cuire 2 à 3 min supplémentaires. Décorez de quelques brins de coriandre, servez aussitôt.

NOIX DE SAINT-JACQUES SAUTÉES

Pour 4 personnes / 25 min de préparation / 10 min de cuisson

Ingrédients

1 petit morceau de blanc de poireau
1 petit morceau de gingembre frais
150 g de pousses de bambou
4 champignons noirs, réhydratés
Quelques pois gourmands équeutés
½ piment lampion rouge
10 cl de bouillon de volaille (voir étape 1 p. 28)
1 cuil. à café de Maïzena
20 noix de saint-jacques
1 ou 2 ciboules
Huile végétale
Sel, poivre

1. Épluchez puis coupez finement le poireau et le gingembre. Détaillez les pousses de bambou à votre guise. Coupez grossièrement les champignons. Ébouillantez un instant les pois gourmands. Épépinez le piment et hachez-le.

2. Dans un bol, mélangez le bouillon avec le poireau, le gingembre, le piment, du sel, du poivre et la Maïzena, mettez de côté.

3. Dans le wok, faites sauter les noix de saint-jacques à feu très vif, avec un peu d'huile, pendant 1 à 2 min. Ajoutez les pois gourmands, les pousses de bambou, les champignons, du sel et du poivre. Remuez, puis laissez cuire encore 1 à 2 min à feu très vif.

4. Versez le bouillon dans le wok, mélangez vivement ; dès que la sauce commence à bouillir, retirez le wok du feu. Présentez les noix et leur sauce dans un plat creux, décorez avec la ciboule et servez sans attendre.

CONSEIL

Accompagnez ces noix de saint-jacques de nouilles chinoises cuites à l'eau et sautées quelques minutes avec un peu d'huile, de sel et de poivre.

TOFU SAUTÉ

Pour 4 personnes / 25 min de préparation / 12 min de cuisson

Ingrédients

½ blanc de poireau
1 noix de gingembre frais
4 gousses d'ail
5 champignons parfumés, réhydratés
½ piment lampion, épépiné
300 g de tofu
150 g de porc frais haché
5 cl de sauce soja
5 cl de bouillon de volaille (voir étape 1 p. 28)
5 cl à soupe de sauce aigre-douce du commerce ou maison (voir p. 46)
1 cuil. à soupe rase de Maïzena
Quelques brins de coriandre
Huile végétale
Sel, poivre

1. Hachez finement le poireau, le gingembre, l'ail, les champignons et le piment. Coupez le tofu en dés d'approximativement 1,5 cm de côté.

2. Faites chauffer le wok à feu moyen avec un bon trait d'huile végétale. Ajoutez la viande, salez, poivrez et faites cuire de 2 à 3 min en remuant. Ajoutez le poireau, le gingembre et les champignons, puis laissez cuire environ 3 min.

3. Ajoutez le tofu, l'ail, le piment, la sauce soja, le bouillon de volaille (voir étape 1 p. 28) et la sauce aigre-douce. Mélangez délicatement, portez à ébullition, couvrez puis laissez mijoter à feu doux pendant 5 min.

4. Pendant ce temps, délayez la Maïzena dans une soucoupe avec un peu d'eau froide. En mélangeant délicatement, versez ce « lait d'amidon » dans la sauce portée à faible ébullition afin de l'épaissir légèrement. Ajoutez plus ou moins de lait d'amidon afin d'obtenir la bonne consistance : celle d'une sauce à peine épaissie. Saupoudrez de coriandre et servez aussitôt.

CONSEIL

Si vous utilisez du tofu dit « soyeux », soyez attentif à mélanger la recette très délicatement, sinon le tofu se délitera complètement.

CHOU CHINOIS SAUTÉ AU WOK

Pour 4 personnes / 20 min de préparation / 30 min de cuisson

Ingrédients

1 chou chinois
5 oignons nouveaux
2 cm de gingembre frais
2 gousses d'ail
2 cuil. à soupe de graines de sésame
1 pincée de piment de Cayenne en poudre
3 cuil. à soupe de sauce soja
1 cuil. à soupe de nuoc-mâm
½ cuil. à soupe de cassonade
2 cuil. à soupe d'huile d'arachide
1 cuil. à soupe d'huile de sésame
Sel, poivre

Matériel

Râpe à légumes

1. Nettoyez le chou et coupez-le en lanières. Épluchez et émincez finement les oignons nouveaux. Pelez et râpez le gingembre. Épluchez et hachez les gousses d'ail, après avoir enlevé le germe.

2. Faites chauffer le wok et faites-y dorer les graines de sésame à sec pendant 1 à 2 min. Réservez-les dans un ramequin.

3. Faites chauffer l'huile d'arachide et l'huile de sésame dans le wok. Faites revenir les oignons nouveaux avec le gingembre, l'ail et le piment pendant 2 min à feu vif, sans cesser de remuer.

4. Ajoutez le chou et faites-le sauter pendant 5 min à feu vif en mélangeant régulièrement. Versez la sauce soja, le nuoc-mâm et la cassonade. Baissez le feu et laissez mijoter pendant 15 à 20 min, jusqu'à ce que le chou soit bien tendre.

5. Rectifiez l'assaisonnement et saupoudrez de graines de sésame grillées.

CONSEIL

Servez immédiatement en plat ou en accompagnement d'un poisson ou d'une viande blanche.

MAGRETS DE CANARD LAQUÉ AUX PISTACHES GRILLÉES

Pour 4 personnes / 15 min de préparation / 15 min de marinade / 15 min de cuisson

Ingrédients

2 magrets de canard
1 cuil. à café bombée de mélange cinq-épices
½ cuil. à soupe de Maïzena
3 cuil. à soupe de vinaigre de riz
100 g de miel liquide (3 cuil. à soupe)
6 cuil. à soupe de sauce soja
2 cuil. à soupe de pistaches épluchées et non salées
Sel, poivre

1. À l'aide d'un couteau bien aiguisé, incisez le gras des magrets de canard de manière à réaliser un quadrillage. Veillez à ne pas entailler la chair. Salez et poivrez les magrets. Saupoudrez toutes les faces de mélange cinq-épices, puis massez légèrement la viande pour faire pénétrer l'assaisonnement. Laissez mariner pendant 15 min.

2. Dans un bol, délayez la Maïzena avec le vinaigre de riz. Ajoutez le miel et la sauce soja, puis mélangez.

3. Faites griller les pistaches à sec dans le wok pendant 2 min à feu vif, en les mélangeant régulièrement pour éviter qu'elles noircissent. Retirez-les du wok et hachez-les grossièrement.

4. Faites chauffer le wok et placez-y les magrets de canard, côté peau. Faites cuire à feu moyen pendant 10 min. Retirez la graisse du wok et retournez les magrets. Après 2 min de cuisson, versez la sauce au miel et prolongez la cuisson de 3 min, en arrosant régulièrement la viande avec la sauce.

5. Retirez le wok du feu. Coupez les magrets de canard en fines tranches. Remettez-les dans le wok, toujours en dehors du feu, et mélangez pour bien les enrober de sauce. Saupoudrez de pistaches hachées, puis servez.

CONSEIL

Servez avec un riz basmati ou des pommes vapeur.

VARIANTE

Vous pouvez remplacer les magrets de canard par du filet mignon de porc. Dans ce cas, ajoutez un peu de matière grasse pour la cuisson de la viande.

Narcissus
White Rice Vinegar
KIKKOMAN

BŒUF SAUTÉ AU SÉSAME ET AUX HARICOTS VERTS

Pour 4 personnes / 30 min de préparation / 30 min de marinade / 25 min de cuisson

Ingrédients

500 g de faux-filet de bœuf
3 cuil. à soupe d'huile de sésame
3 cuil. à soupe de sauce soja
800 g de haricots verts
3 échalotes
1 gousse d'ail
2 cuil. à soupe de graines de sésame
1 cuil. à soupe de nuoc-mâm
5 brins de cerfeuil
2 cuil. à soupe d'huile d'arachide
Sel, poivre

1. Coupez le bœuf en lanières. Dans un saladier, mélangez 2 cuil. à soupe d'huile de sésame avec 2 cuil. à soupe de sauce soja. Faites mariner les lanières de bœuf dans ce mélange pendant au moins 30 min.

2. Lavez et équeutez les haricots verts, puis coupez-les en deux. Mettez-les à blanchir pendant 5 min dans une casserole d'eau bouillante salée. Égouttez-les, rafraîchissez-les sous l'eau froide, puis réservez.

3. Épluchez et émincez finement les échalotes. Pelez et hachez la gousse d'ail, après avoir enlevé le germe.

4. Faites chauffer ½ cuil. à soupe d'huile d'arachide dans le wok et saisissez la moitié de la viande marinée pendant 2 à 3 min à feu vif. Salez et poivrez, puis réservez dans une assiette. Versez ½ cuil. à soupe d'huile d'arachide dans le wok et renouvelez l'opération avec le reste de la viande. Réservez le tout dans l'assiette.

5. Faites chauffer 1 cuil. à soupe d'huile de sésame et 1 cuil. à soupe d'huile d'arachide dans le wok. Faites revenir les échalotes pendant 2 min à feu vif, sans cesser de remuer. Ajoutez les graines de sésame, l'ail et les haricots verts. Salez et poivrez. Faites cuire pendant 5 min en mélangeant régulièrement.

6. Arrosez avec 1 cuil. à soupe de sauce soja et le nuoc-mâm. Prolongez la cuisson de 2 min. Ajoutez le bœuf, mélangez et laissez cuire 2 min. Rectifiez l'assaisonnement, parsemez de feuilles de cerfeuil préalablement ciselées et servez immédiatement.

CONSEIL

Si vous préférez les légumes très croquants, ne faites pas blanchir les haricots verts.

CHOP SUEY AU BŒUF HACHÉ

Pour 4 personnes / 30 min de préparation / 15 min de cuisson

Ingrédients
15 g de champignon noirs desséchés
1 oignon
2 gousses d'ail
2 cm de gingembre frais
1 poivron rouge
2 carottes
1 branche de céleri
1 brocoli
500 g de bœuf haché
200 g de pousses de soja
4 cuil. à soupe d'huile d'arachide
Sel, poivre

Pour la sauce
1 citron vert
1 cuil. à soupe de Maïzena
15 cl de bouillon de bœuf
2 cuil. à soupe de miel
3 cuil. à soupe de sauce soja

Matériel
Râpe à légumes
Presse-agrumes

1. Placez les champignons noirs dans un bol d'eau chaude pendant 10 min pour les réhydrater. Rincez-les, égouttez-les et coupez-les en quatre. Épluchez et émincez finement l'oignon. Épluchez et hachez les gousses d'ail, après avoir enlevé le germe. Pelez et râpez le gingembre.

2. Lavez le poivron, ouvrez-le en deux, épépinez-le et coupez-le en lanières. Épluchez les carottes et le céleri, puis coupez-les en petits dés. Détaillez le brocoli en petits bouquets.

3. Préparez la sauce. Pressez le citron vert et réservez le jus. Dans un bol, délayez la Maïzena dans le bouillon de bœuf. Ajoutez le miel, la sauce soja et le jus de citron vert.

4. Faites chauffer 2 cuil. à soupe d'huile d'arachide dans le wok. Faites revenir le bœuf haché avec l'oignon, l'ail et le gingembre pendant environ 5 min à feu vif, sans cesser de remuer. L'eau rendue par la viande doit s'évaporer complètement. Salez et poivrez. Réservez le tout dans une assiette.

5. Versez 2 cuil. à soupe d'huile d'arachide dans le wok et faites sauter les légumes restants pendant 5 min à feu vif en mélangeant régulièrement. Versez la sauce et ajoutez la viande. Portez à ébullition, puis baissez le feu et laissez mijoter pendant 5 min. Rectifiez l'assaisonnement et servez immédiatement.

ASTUCE

Préparez le bouillon de bœuf en vous inspirant de l'étape 1 p. 28, remplacez la volaille par du bœuf.

PORC À L'AIGRE-DOUCE

Pour 4 personnes / 25 min de préparation / 15 min de cuisson

Ingrédients

400 g de porc frais coupé en dés
200 g de Maïzena
¼ de blanc de poireau
2 tomates
½ ananas pelé
1 poivron rouge
4 champignons noirs, réhydratés
Coriandre fraîche
2 l d'huile végétale + 5 cuil. à soupe
Sel, poivre

Pour la sauce aigre-douce

20 cl de vinaigre de riz
50 g de sucre roux
4 cuil. à soupe de ketchup
5 cuil. à soupe de sauce soja
1 cuil. à soupe de Maïzena

1. Salez et poivrez les dés de porc, puis « panez-les » entièrement dans la Maïzena pour les enrober complètement. Secouez-les un peu dans vos mains pour faire tomber l'excédent, disposez-les dans un plat. Faites chauffer les 2 l d'huile végétale. Quand elle est bien chaude, plongez les dés de porc dedans. Faites-les frire pendant 3 min environ, puis égouttez-les et posez-les sur du papier absorbant.

2. Par ailleurs, préparez les légumes. Hachez le poireau. Coupez les tomates, l'ananas et le poivron en morceaux. Hachez grossièrement les champignons.

3. Préparez la sauce. Dans une casserole, assemblez le vinaigre, le sucre, le ketchup, la sauce soja, 5 cl d'eau et la Maïzena. Mélangez soigneusement le tout avec un fouet. Faites chauffer, portez à ébullition, en mélangeant toujours, retirez du feu et mettez de côté.

4. Dans un wok, faites chauffer l'huile végétale restante. Faites sauter le poireau quelques minutes, puis ajoutez la viande. Mélangez bien. Ajoutez tous les légumes et les champignons noirs, mélangez. Laissez cuire 2 à 3 min. Versez toute la sauce. Mélangez pour bien enrober la viande et les légumes. Laissez cuire encore 2 à 3 min en remuant.

5. Versez le porc à l'aigre-douce dans un plat, décorez avec de la coriandre et servez bien chaud.

CONSEIL

Servez avec un riz blanc en accompagnement (voir p. 14).

米醋
Narcissus
米醋
White Rice Vinegar

CREVETTES AU GINGEMBRE ET AU POIREAU

Pour 4 personnes / 30 min de préparation / 15 à 20 min de cuisson

Ingrédients

24 grandes crevettes crues surgelées
1 morceau de gingembre frais (de la taille d'une petite mandarine, au moins)
1 beau blanc de poireau
5 cuil. à soupe de sucre roux
3 cuil. à soupe de vin blanc
4 cuil. à soupe de sauce soja
Coriandre fraîche
Huile végétale
Sel, poivre

1. Laissez décongeler les crevettes. Avec une paire de ciseaux, coupez les nageoires ventrales et l'extrémité piquante des têtes. Épluchez le gingembre puis coupez-le en bâtonnets assez fins, faites la même chose avec le poireau. Si cette opération est trop difficile, hachez grossièrement les 2 aromates.

2. Faites chauffer la poêle ou le wok avec 4 ou 5 cuil. à soupe d'huile puis placez les crevettes dedans. Elles ne doivent pas se superposer. Salez et poivrez. Faites-les cuire 5 à 6 min à feu moyen, puis retournez-les. Salez et poivrez. Laissez cuire encore 5 à 6 min, puis ajoutez les trois quarts du poireau et du gingembre. Mélangez un peu, laissez cuire 4 à 5 min. Ajoutez le sucre et passez à feu très vif en mélangeant.

3. Quand le sucre commence à peine à caraméliser, passez à feu doux. Ajoutez le reste du poireau et du gingembre, le vin blanc, la sauce soja et la coriandre hachée. Mélangez, servez les crevettes dans un grand plat.

CONSEIL

Servez avec un riz blanc en accompagnement (voir p. 14).

VARIANTES

Une version plus économique de cette recette consiste à la préparer avec des ailerons ou des pilons de poulet. Les temps de cuisson, bien sûr, doivent être allongés en conséquence.

BŒUF AUX OIGNONS

Pour 4 personnes / 20 min de préparation / 5 à 7 min de cuisson

Ingrédients

400 g de faux-filet de bœuf
1 cuil. à café de Maïzena
4 gousses d'ail
1 petit morceau de gingembre frais
2 gros oignons blancs ou 10 oignons nouveaux
6 cuil. à soupe de sauce soja
4 cuil. à soupe de vin blanc sec
4 pincées de sucre
1 pincée de mélange cinq-épices
2 cuil. à soupe d'huile de sésame
Quelques brins de coriandre
4 ou 5 cuil. à soupe d'huile végétale
Sel, poivre

1. Coupez le faux-filet en lanières pas trop fines. Placez la viande dans un saladier. Salez, poivrez, ajoutez la Maïzena, l'ail et le gingembre finement épluchés et hachés. Mélangez avec les doigts.

2. Épluchez les oignons, coupez-les relativement finement. Dans un bol, mélangez la sauce soja, le vin, le sucre, le mélange cinq-épices et l'huile de sésame.

3. Faites chauffer le wok à feu très vif, ajoutez l'huile. Commencez par faire cuire la viande pendant 2 à 3 min en remuant souvent.

4. Ajoutez les oignons, laissez cuire encore 3 à 4 min en remuant. Versez la sauce au soja, en remuant vivement, retirez du feu. Présentez le plat dans une grande assiette, parsemez de coriandre et servez sans attendre.

VARIANTE

Cette recette issue du nord de la Chine peut aussi se préparer avec de l'agneau.

POISSON À LA VAPEUR, GINGEMBRE ET CIBOULE

Pour 6 à 8 personnes / 10 min de préparation / 20 à 25 min de cuisson

Ingrédients

1 bar de 2 kg, écaillé et vidé
2 jeunes poireaux
1 grosse noix de gingembre frais
10 brins de ciboule chinoise
10 cl de sauce soja
5 cl d'huile végétale

Matériel

Cuit-vapeur

1. Rincez et épongez le poisson. Placez-le sur le plat de service. Déposez-le dans le cuit-vapeur. Fermez-le, lancez pour 20 à 25 min de cuisson, selon le poisson.

2. Pendant ce temps, lavez les poireaux, éliminez le vert. Coupez les blancs en bâtonnets, comme le gingembre préalablement épluché. Hachez la ciboule.

3. Quand le poisson est prêt, sortez le plat de cuisson du cuit-vapeur, videz l'eau qui s'y est éventuellement accumulée. Déposez le gingembre, le poireau et la ciboule sur le poisson. Arrosez-les de sauce soja.

4. Dans une casserole, faites chauffer l'huile. Quand elle est brûlante, versez-la sur les aromates qui vont subir ainsi une très courte cuisson. Servez aussitôt.

À SAVOIR

Ne découpez pas ce poisson : la tradition commande qu'il soit dégusté à la baguette par tous les convives en même temps. Les connaisseurs ne laissent pas passer les « joues », petites bouchées fondantes et exquises.

CONSEIL

Ce plat n'attend pas : préparez-le quand vos convives sont prêts à passer à table.

BOULES COCO SANS GLUTEN

Pour 4 personnes / 30 min de préparation / 10 à 15 min de cuisson

Ingrédients
300 g de farine de riz gluant
80 g de cacahuètes et de noix de cajou non salées
40 g de beurre demi-sel
100 g de noix de coco en poudre
70 g de sucre de canne
1 œuf
60 g de copeaux de noix de coco

Matériel
Vitaliseur ou panier d'un cuit-vapeur

1. Faites chauffer 40 cl d'eau. Dans un saladier, disposez la farine de riz, versez l'eau petit à petit, mélangez jusqu'à l'obtention d'une pâte souple mais malléable.

2. Dans une poêle, torréfiez les cacahuètes et les noix de cajou. Hachez-les grossièrement. Faites fondre le beurre. Dans un bol, disposez 90 g de noix de coco en poudre, les cacahuètes et noix de cajou torréfiées, le beurre fondu, le sucre et l'œuf. Mélangez et placez au frais ou au congélateur le temps de former les boulettes.

3. Divisez la pâte de riz, prenez chaque portion et aplatissez-les. Disposez la farce refroidie au milieu et roulez l'ensemble pour former des boulettes.

4. Dans un vitaliseur ou le panier d'un cuit-vapeur, disposez une feuille de papier cuisson, déposez les boules coco et faites-les cuire 10 à 15 min.

5. Roulez-les dans la noix de coco en poudre restante et dans les copeaux. Servez-les tièdes ou froides.

2. JAPON

SUSHIS VARIÉS

Pour 4 personnes / 25 min de préparation

Ingrédients

Assortiment de morceaux de poisson : thon rouge, saumon, daurade, noix de saint-jacques sans corail, grosses crevettes cuites...

400 g de riz rond japonais cuit (voir étape 1 p. 62)

1 cuil. à café de wasabi en pâte

1 verre d'eau additionné de 1 cuil. à soupe de vinaigre de riz pour humidifier les ingrédients, les ustensiles et vos mains

1. Commencez par détailler les filets et les pavés de poisson en morceaux. Coupez les noix de saint-jacques en rondelles. Décortiquez les crevettes et ouvrez-les en portefeuille sur le ventre pour les élargir et pouvoir retirer le boyau noir.

2. Humidifiez-vous les mains avec un peu d'eau vinaigrée. Sur une planche à découper propre, détaillez le riz en boules de la taille d'une balle de ping-pong. Si vous trouvez que le riz colle trop aux doigts, n'hésitez pas à humidifier encore vos mains.

3. Posez au creux de votre main gauche, dans la largeur, une tranche de poisson ou une crevette ouverte. Étalez dessus une très fine couche de wasabi. Posez ensuite la boulette de riz et fermez la main de façon à ce que le riz s'étale sur le poisson et y adhère. Appuyez au centre du riz pour y creuser un trou, puis retournez le sushi dans l'autre main de façon à avoir le sushi dans la partie large de la paume de la main droite.

4. Pressez alors le sushi sur les bords en appuyant sur le poisson, puis appuyez une dernière fois sur les bouts. Posez-le sur une assiette ou dans un plat et répétez l'opération jusqu'à l'épuisement des ingrédients.

5. Pour les noix de saint-jacques, commencez par façonner les sushis, puis disposez dessus, lorsqu'ils sont formés, les rondelles de noix de saint-jacques en les superposant légèrement.

CONSEIL

Servez ces sushis avec de la sauce soja et du gingembre au vinaigre. On trouve dans les épiceries japonaises un mélange d'épices à base de piment qui s'appelle Ichimi Togarashi, que vous pouvez saupoudrer sur les sushis.

SASHIMIS VARIÉS

Pour 4 personnes / 20 min de préparation

Ingrédients
1 morceau de daïkon (ou de radis blanc)
1 pavé de thon de 200 g
1 pavé de saumon de 200 g
1 filet épais de daurade ou de bar de 200 g
4 noix de saint-jacques sans le corail
8 huîtres creuses n° 3
1 cuil. à soupe de vinaigre de riz
Sauce soja
Gingembre rose au vinaigre
Wasabi

1. Épluchez le daïkon, puis râpez-le le plus finement possible.

2. Coupez les pavés et le filet de poisson en 2 morceaux dans la longueur, de façon à obtenir 2 pièces de 4 cm de large. À l'aide d'un couteau, coupez ensuite des sashimis droits de 5 mm d'épaisseur.

3. Coupez les noix de saint-jacques dans l'épaisseur. Ouvrez délicatement les huîtres en passant un couteau entre les coquilles à la pointe, pour éviter d'avoir des petits morceaux de nacre dans la chair.

4. Disposez sur une assiette ou sur un plat un lit de daïkon râpé et posez par-dessus les sashimis et les huîtres. Ajoutez simplement dans les huîtres quelques gouttes de vinaigre de riz et 1 goutte de sauce soja. Servez aussitôt accompagné de sauce soja, de gingembre rose au vinaigre et de wasabi, à votre convenance.

VARIANTES

Vous pouvez réaliser des sashimis avec du maquereau, des poulpes (cuits), de la sole, des crevettes cuites, etc.

MAKIS

Pour 4 à 6 personnes / 40 min de préparation / 1 h de séchage / 45 min de cuisson

Ingrédients

Pour le riz

200 g de riz rond japonais
25 cl d'eau minérale
1 carré d'algue kombu
2 cuil. à soupe de sucre blanc en poudre
3 cuil. à soupe de vinaigre de riz
1 cuil. à café de sel de mer

Pour le poisson

300 g de thon cru très frais (ou daurade, saumon,...)
3 oignons nouveaux
1 cuil. à soupe de gingembre frais, finement haché
2 cuil. à soupe de ciboulette hachée
¼ de cuil. à café de wasabi
Feuilles de nori pour maki
Sauce soja
Gingembre au vinaigre

Matériel

Rouleau pour maki

1. Commencez par préparer le riz. Mettez-le dans un saladier et recouvrez-le d'eau froide. Mélangez afin de le débarrasser de la poussière qu'il y a sur les grains. Changez l'eau et renouvelez l'opération deux ou trois fois, jusqu'à ce que l'eau soit claire. Mettez ensuite le riz dans un tamis et laissez-le sécher pendant 1 h. Dans une petite casserole, versez le riz, l'eau et le kombu. Faites cuire à feu moyen et lorsque l'eau frémit, retirez le kombu si vous en mettez. Portez à ébullition, baissez le feu, couvrez et laissez cuire 5 à 6 min. Le riz doit alors avoir absorbé toute l'eau et être moelleux sous la dent. Dans un bol, délayez le sucre et le sel dans le vinaigre de riz. Versez le riz dans un saladier en bois et arrosez-le du vinaigre. Mélangez à l'aide d'une spatule en bois, recouvrez d'un chiffon et laissez refroidir le riz. Il est prêt à être utilisé.

2. Coupez le thon en petits cubes plus ou moins réguliers d'environ 1 cm de côté. Épluchez les oignons et ciselez-les très finement.

3. Dans un saladier, réunissez le poisson, les oignons, le gingembre, la ciboulette et le wasabi. Mélangez le tout très délicatement pour bien répartir les ingrédients et éviter d'écraser le thon.

4. Sur un rouleau pour maki (makisu) recouvert d'un film alimentaire, posez 1 feuille de nori et tapissez-la avec du riz. Disposez le poisson horizontalement et roulez le tout en pressant légèrement afin d'obtenir un rouleau régulier. Découpez ensuite ces rouleaux en bouchées. Servez avec de la sauce soja et du gingembre au vinaigre.

FUTOMAKIS AUX CREVETTES ET AU PIMENT

Pour 4 personnes / 15 min de préparation

Ingrédients

¼ de botte de ciboulette
1 cuil. à soupe de mayonnaise
2 pincées de piment japonais Ichimi Togarashi
8 grosses crevettes cuites
1 petit concombre
½ avocat
2 feuilles de nori
150 g de riz rond japonais cuit (voir étape 1 p. 62)
1 verre d'eau additionné de 1 cuil. à soupe de vinaigre de riz pour humidifier les ingrédients, les ustensiles et vos mains

Matériel

Rouleau pour maki

1. Rincez et émincez finement la ciboulette. Dans un bol, mélangez la mayonnaise avec le piment et la ciboulette. Coupez les crevettes en deux dans le sens de la longueur et retirez le boyau noir se trouvant au centre.

2. Épluchez le concombre et coupez-le en deux dans le sens de la longueur. Retirez les graines se trouvant au centre. Coupez-le ensuite en bâtonnets de 5 cm de long sur 0,5 cm d'épaisseur. Décollez la chair de l'avocat en passant délicatement une cuillère entre le fruit et la peau. Coupez-la ensuite en bâtonnets de la même taille que le concombre.

3. Étalez le rouleau pour maki et humidifiez-le bien avec de l'eau vinaigrée. Coupez les feuilles de nori aux deux tiers de leur longueur pour obtenir des feuilles rectangulaires (vous n'utiliserez pas le tiers restant) et posez-en une sur la natte. Humidifiez-la légèrement à l'aide de vos doigts.

4. Humidifiez légèrement vos mains à l'eau vinaigrée, puis prenez la moitié du riz et posez-le au centre de la feuille de nori. Étalez-le sur toute la feuille, puis retournez-la de façon à avoir le riz directement en contact avec la natte et la feuille de nori par-dessus.

5. Au centre de la feuille, étalez une fine couche de mayonnaise. Répartissez par-dessus la moitié des bâtonnets d'avocat puis de concombre et 4 crevettes. Soulevez le bord de la natte le plus proche de vous et repliez-la sur le rouleau. Serrez la natte entre vos doigts, puis enroulez-la complètement et appuyez bien dessus pour tasser le riz et fermer les futomakis.

6. Retirez le rouleau de la natte et posez-le sur une planche à découper. Coupez-le en deux parts égales. Alignez-les, rapprochez-les et coupez-les en 3 morceaux pour obtenir 6 futomakis de forme et de taille identiques. Renouvelez l'opération avec le reste des ingrédients.

ONIGIRIS

Pour 4 personnes / 10 min de préparation

Ingrédients

Quelques feuilles de nori
200 g de riz rond japonais cuit mais encore chaud (voir étape 1 p. 62)
Fleur de sel
1 verre d'eau additionné de 1 cuil. à soupe de vinaigre de riz pour humidifier vos mains

1. Coupez les feuilles de nori en rectangles de 3 cm de large sur 6 cm de long.

2. Humidifiez vos mains à l'eau vinaigrée, et placez au centre une boule de riz de la taille d'une boule de billard. Saupoudrez de fleur de sel. Pressez le riz entre vos mains pour le tasser et tournez-le entre vos doigts pour lui donner une forme triangulaire sur une épaisseur de 2 à 3 cm.

3. Placez un morceau de nori en agrafe sur le riz afin de pouvoir manipuler l'onigiri sans mettre les doigts dessus. Renouvelez l'opération jusqu'à ce qu'il n'y ait plus de riz. Conservez au frais jusqu'au moment de servir.

VARIANTES

Vous pouvez manger les onigiris nature mais aussi les garnir selon votre goût : champignons, poulet rôti froid émietté, saumon fumé... Pour cela, mettez la moitié du riz au creux de votre main, placez la garniture au centre et recouvrez avec le reste de riz. Façonnez ensuite comme décrit dans la recette.

SALADE D'ALGUES AUX CHAMPIGNONS ENOKI

Pour 4 personnes / 20 min de préparation / 1 h 45 min de repos / 25 min de cuisson

Ingrédients

40 g de mélange d'algues séchées
100 g de champignons enoki
1 cuil. à soupe de graines de sésame
50 g de tofu soyeux
2 carottes
1 tête de brocoli
1 cuil. à soupe de vinaigre de riz
1 cuil. à soupe de sauce soja
1 cuil. à café d'huile de sésame
2 cuil. à soupe d'huile végétale
100 g de mesclun de jeunes pousses
Poivre

Pour 60 cl de bouillon dashi

1 carré d'algue kombu de 10 cm de côté
20 g de katsuobushi

1. Faites tremper les algues pendant 30 min. Égouttez-les et pressez-les fortement. Dans une poêle sans matière grasse, faites revenir les graines de sésame jusqu'à ce qu'elles commencent à crépiter. Retirez-les immédiatement de la poêle. Coupez le tofu en cubes de 1 cm de côté. Épluchez les carottes et coupez-les en bâtonnets de la taille de haricots verts. Retirez les tiges du brocoli afin de ne conserver que les fleurs. Coupez le pied des champignons afin de les séparer.

2. Préparez le bouillon dashi. Dans une casserole, mettez le kombu dans 60 cl d'eau froide et laissez reposer pendant 1 h. Mettez la casserole sur le feu et faites cuire à feu moyen. Lorsque l'eau frémit, retirez la feuille de kombu. Versez alors les copeaux de bonite séchée et faites bouillir. Éteignez le feu et laissez le katsuobushi infuser durant 15 min. Filtrez le bouillon, il est prêt à l'emploi.

3. Portez le bouillon dashi à ébullition avec 30 cl d'eau et faites-y cuire les bâtonnets de carotte pendant 10 min. Égouttez-les et faites cuire dans le même bouillon les fleurs de brocoli. À la reprise de l'ébullition, comptez 3 à 4 min de cuisson. Égouttez.

4. Dans un saladier, mélangez le vinaigre de riz avec la sauce soja, 2 cuil. à soupe du bouillon de cuisson, les huiles et du poivre. Ajoutez les algues, le mesclun, les carottes, les champignons et les fleurs de brocoli.

5. Répartissez la salade dans de petits bols et décorez avec les cubes de tofu. Saupoudrez de graines de sésame et servez aussitôt.

À SAVOIR

Le katsuokushi correspond à de la bonite séchée en copeaux. Vous en trouverez dans les épiceries asiatiques.

TATAKI D'ESPADON

Pour 4 personnes / 20 min de préparation

Ingrédients
400 g d'espadon
3 cuil. à soupe de jus de pamplemousse
½ botte de ciboulette
6 feuilles de shiso
2 cm de gingembre frais
4 cm de daïkon (ou de radis blanc)
Sel, poivre

1. Retirez la peau du poisson ainsi que le gras se trouvant entre la chair et la peau. Coupez ensuite la chair en petits dés de 0,5 cm de côté. Dans un saladier, mélangez le poisson avec le jus de pamplemousse.

2. Rincez et émincez finement la ciboulette et le shiso. Épluchez et râpez le gingembre et le daïkon.

3. Égouttez rapidement le poisson et mélangez-le avec la ciboulette, le gingembre et le daïkon. Rectifiez l'assaisonnement si nécessaire.

4. Répartissez le tataki dans 4 bols et saupoudrez des feuilles de shiso émincées. Servez aussitôt ou conservez au frais.

CONSEILS

Le tataki est l'équivalent d'un tartare de poisson. On le sert traditionnellement avec de la sauce soja et du riz blanc. Essayez de préférence cette recette avec des poissons au goût puissant comme l'espadon, le thon, le saumon ou le mérou.

SOUPE MISO AU TOFU

Pour 4 personnes / 15 min de préparation / 1 h 35 de repos / 5 min de cuisson

Ingrédients

10 g d'algue wakamé séchée
1 oignon nouveau
Les fanes de 2 radis
Quelques pousses d'épinards
200 g de tofu soyeux
60 cl de bouillon dashi *(voir étape 2 p. 68)*
Poivre

1. Faites tremper l'algue wakamé dans de l'eau froide durant 20 min. Égouttez-la et coupez-la en carrés de 1 cm de côté.

2. Rincez et émincez finement l'oignon nouveau, les fanes de radis et les pousses d'épinards. Coupez le tofu en cubes de 1 cm d'épaisseur et répartissez-le dans 4 bols.

3. Portez le bouillon dashi à ébullition et versez-le sur le tofu. Ajoutez l'algue wakamé, les herbes, l'oignon nouveau et poivrez, juste avant de servir.

NOUILLES SOBA AU BŒUF CRU

Pour 4 personnes / 15 min de préparation / 20 min de cuisson

Ingrédients

400 g de filet de bœuf ou de cœur de rumsteck
1 petite gousse d'ail
3 cm de gingembre
1 botte de ciboulette
3 bouillons cubes de bœuf
200 g de nouilles soba
2 pincées de piment japonais Ichimi Togarashi
2 cuil. à soupe de sauce soja
3 cuil. à soupe d'huile végétale
Sel, poivre

1. Dans une grande poêle, faites chauffer l'huile jusqu'à ce qu'elle fume, puis faites-y rapidement dorer le bœuf sur toutes les faces avec un peu de sel et de poivre. Éteignez le feu et disposez le bœuf sur une assiette froide. Réservez la poêle.

2. Épluchez l'ail et le gingembre, hachez-les finement. Rincez la ciboulette et émincez-la finement, puis mélangez-la avec le gingembre.

3. Dans une grande casserole d'eau bouillante, diluez les cubes de bouillon de bœuf et faites-y cuire les nouilles soba en suivant les instructions portées sur le paquet. Égouttez-les et rincez-les à l'eau chaude.

4. Coupez en très fines tranches le filet de bœuf et conservez le jus. Dans la poêle que vous aviez réservée, faites revenir les nouilles avec l'ail et le piment pour les réchauffer. Lorsqu'elles sont fumantes, ajoutez la sauce soja et mélangez bien. Éteignez le feu et versez le jus de bœuf.

5. Sur de grandes assiettes, répartissez les nouilles soba et ajoutez par-dessus de fines tranches de bœuf. Saupoudrez de ciboulette au gingembre. Servez aussitôt.

京一味

NOUILLES UDON AU POULET ET À L'ŒUF

Pour 4 personnes / 20 min de préparation / 1 h 15 de repos / 20 min de cuisson

Ingrédients

200 g de blancs de poulet
2 cuil. à soupe de saké
1 cuil. à soupe de sauce soja
6 champignons shiitakés frais
1 oignon nouveau
½ botte de ciboulette
300 g de nouilles udon
1 l de bouillon dashi ***(voir étape 2 p. 68)***
4 cuil. à soupe de pâte miso rouge
4 jaunes d'œufs extra-frais
Sel, poivre

Matériel

4 grands bols

1. Coupez les blancs de poulet en médaillons et mélangez-les avec le saké et la sauce soja. Laissez mariner le temps de préparer le reste de la recette.

2. Retirez le pied des champignons et émincez-les en tranches de 2 à 3 mm. Rincez et émincez finement l'oignon nouveau et la ciboulette, réservez-les.

3. Faites cuire les nouilles udon *al dente* en suivant les indications portées sur le paquet. Égouttez et réservez.

4. Portez le bouillon dashi à ébullition et ajoutez-y le poulet avec sa marinade ainsi que les champignons. Laissez cuire à petits bouillons pendant 10 min.

5. Délayez dans un bol la pâte miso avec une petite louche de bouillon et reversez le tout dans la casserole. Ajoutez les nouilles et portez de nouveau à ébullition. Vérifiez l'assaisonnement.

6. Répartissez la soupe dans 4 grands bols et placez un jaune d'œuf au centre. Saupoudrez de ciboulette et d'oignon. Servez aussitôt.

VARIANTE

Vous pouvez mettre l'œuf entier dans la soupe mais dans ce cas, placez le bol au four durant 4 à 5 min, afin que le blanc cuise et que le jaune reste coulant.

RAMEN AU PORC ET AU GINGEMBRE

Pour 4 personnes / 20 min de préparation / 1 h 15 de cuisson / 30 min de repos

Ingrédients

300 g d'épaule de porc
4 cm de gingembre frais
2 cuil. à soupe de saké
2 cuil. à soupe de sauce soja
2 oignons nouveaux
2 poignées de pousses d'épinards
300 g de nouilles ramen
3 cuil. à soupe d'huile végétale

Pour le bouillon

2 cm de gingembre
1 gousse d'ail
1 échalote
1 carotte
1 carcasse de poulet
1 cuil. à soupe de sauce soja
5 cl de saké
Sel, poivre

Matériel

4 bols

1. Préparez le bouillon. Épluchez le gingembre, l'ail, l'échalote et la carotte, puis coupez-les en gros morceaux. Rincez la carcasse de poulet à l'eau froide afin de retirer toute trace de sang. Disposez-la dans une grande casserole et recouvrez d'eau froide. Portez à ébullition, écumez et ajoutez les légumes, la sauce soja et le saké. Laissez cuire à feu doux pendant 1 h. Filtrez en fin de cuisson et vérifiez l'assaisonnement.

2. Dans le même temps, coupez le porc en tranches fines. Épluchez et râpez le gingembre. Dans un plat creux, mélangez le porc avec le gingembre, le saké et la sauce soja. Laissez reposer 30 min.

3. Séparez le vert du blanc des oignons nouveaux et émincez finement le tout. Dans une poêle, faites chauffer l'huile puis, lorsqu'elle fume, faites-y dorer les tranches de porc de chaque côté. Disposez-les ensuite dans le plat avec la marinade. Faites alors revenir le blanc des oignons pendant 1 à 2 min. Réservez.

4. Dans un wok (ou une casserole), portez le bouillon à ébullition avec le porc et le blanc des oignons. Ajoutez les pousses d'épinards et laissez cuire 1 min. En même temps, faites cuire les nouilles ramen en suivant les instructions portées sur le paquet et répartissez-les dans 4 bols. Ajoutez le bouillon avec la viande et saupoudrez de vert d'oignons. Servez aussitôt.

CONSEIL

Pour enrichir cette recette, vous pouvez ajouter $^1/_2$ œuf dur par bol.

BROCHETTES DE BŒUF EN YAKITORI

Pour 10 mini-brochettes / 10 min de préparation / 5 min de cuisson

Ingrédients
2 steaks hachés
4 pincées de quatre-épices
1 cuil. à soupe d'huile d'olive

Pour la sauce
2 cuil. à soupe de sauce soja
1 cuil. à soupe de vinaigre de riz
1 cuil. à café de miel
1 cuil. à café rase de sucre en poudre
1 cuil. à café de Maïzena

Matériel
Piques en bois

1. Préparez les boulettes. Dans un bol, mélangez les steaks hachés et le quatre-épices à l'aide d'une fourchette. Prenez une petite quantité de préparation dans vos mains et formez une boulette. Réservez sur une assiette. Procédez ainsi jusqu'à l'épuisement de la viande.

2. Préparez la sauce. Dans un bol, mélangez la sauce soja, le vinaigre de riz, le miel et le sucre.

3. Dans une poêle, faites chauffer l'huile et faites-y revenir les boulettes en les retournant régulièrement. Nappez d'un peu de sauce et placez les boulettes sur une assiette. Piquez-les afin de confectionner des brochettes.

4. Dans la poêle, faites chauffer le reste de sauce et ajoutez la Maïzena diluée dans un peu d'eau. Dès que la sauce épaissit, coupez le feu et nappez-en les boulettes.

CONSEIL

Vous pouvez réaliser vos boulettes à l'avance et les cuire au dernier moment.

YAKITORI, SALADE DE CONCOMBRE AUX ALGUES, RIZ BLANC

Pour 4 personnes / 30 min de préparation / 30 min de marinade / 26 min de cuisson

Ingrédients
2 cuil. à soupe de wakamé
1 concombre bio
1 cuil. à soupe de sucre
1 cuil. à soupe de vinaigre de riz ou de cidre
1 cuil. à café d'huile de sésame
½ cuil. à café de sel
200 g de riz

Pour les brochettes
1 blanc de poulet
180 g de saumon
150 g de rumsteck
5 oignons verts

Pour la sauce yakitori
5 cuil. à soupe de sauce soja
6 cuil. à soupe de mirin
3 cuil. à soupe de sucre

Matériel
Brochettes en bambou

1. Préparez les brochettes. Coupez le poulet en lanières. Détaillez le saumon en 4 lanières. Réalisez des cubes de 2 cm dans le rumsteck. Coupez des tronçons d'oignons verts de 4 cm. Embrochez les éléments de la façon suivante : piquez le saumon et le poulet dans leur longueur, le bœuf en son milieu et les oignons dans leur largeur.

2. Réalisez une sauce yakitori en mélangeant tous les ingrédients. Mettez les brochettes dans cette marinade et laissez reposer 30 min.

3. Réhydratez le wakamé pendant 10 min dans de l'eau froide, puis égouttez-le. Tranchez très finement le concombre.

4. Préparez une vinaigrette avec le sucre, le vinaigre, l'huile de sésame et le sel et mélangez-la au concombre et à l'algue. Réservez au frais.

5. Versez 25 cl d'eau salée (même volume que le riz) et faites cuire le riz à feu doux dans une casserole couverte pendant 20 min ou dans notre cuiseur à riz (voir étape 1 p. 14).

6. Mettez les brochettes à cuire pendant 3 min sur chaque face.

OMELETTE DASHI

Pour 4 personnes / 10 min de préparation / 1 h 15 de repos / 10 min de cuisson

Ingrédients
6 œufs extra-frais
4 cuil. à soupe de bouillon dashi (voir étape 2 p. 68)
1 cuil. à soupe de sucre en poudre
1 cuil. à soupe de sauce soja
Huile végétale
1 pincée de sel

1. Cassez les œufs dans un bol. Ajoutez le bouillon dashi, le sucre, le sel et la sauce soja. Battez fortement à l'aide d'un fouet.

2. Dans une poêle antiadhésive, mettez 1 cuil. à soupe d'huile végétale et, en vous aidant d'un papier absorbant, répartissez-la sur toute la surface. Faites bien chauffer la poêle, puis versez ¼ des œufs battus.

3. Lorsque les œufs commencent à prendre, levez la poêle afin de faire rouler l'omelette dans un bord. Ajoutez alors 1 cuil. à soupe d'huile que vous étalerez à l'aide du papier absorbant et versez de nouveau ¼ des œufs battus. Lorsque la deuxième fournée est cuite, roulez-la sur la précédente.

4. Renouvelez l'opération jusqu'à ce que vous ayez fait cuire tous les œufs. Faites alors rouler l'omelette sur une planche et coupez-la en tronçons de 2 à 3 cm. Servez aussitôt.

SAUMON TERIYAKI

Pour 4 personnes / 15 min de préparation / 2 h de marinade / 15 min de cuisson

Ingrédients

4 cuil. à soupe de sauce soja
4 cuil. à soupe de mirin
4 cuil. à soupe de saké
4 pavés de saumon
1 petit piment rouge
2 oignons nouveaux
1 botte de coriandre
1 cuil. à soupe de sucre en poudre
200 g de pousses d'épinards
Le jus de ½ citron vert
3 cuil. à soupe d'huile végétale
Sel, poivre

1. Dans un grand saladier, mélangez la sauce soja avec le mirin et le saké.

2. Retirez la peau et les dernières arêtes du saumon et mettez-le dans la sauce. Mélangez et laissez mariner pendant 2 h au réfrigérateur.

3. Coupez le piment rouge en deux dans le sens de la longueur. Retirez les graines et hachez la chair. Rincez les oignons nouveaux et émincez-les en fines rondelles. Effeuillez la coriandre.

4. Retirez les pavés de saumon de la marinade. Ajoutez le sucre à la sauce et mélangez afin de bien le dissoudre.

5. Dans un wok (ou une grande poêle), faites chauffer l'huile, puis faites-y dorer le saumon. Badigeonnez le saumon de marinade et, au bout de 2 à 3 min, retournez-le. Badigeonnez-le de nouveau et poursuivez encore la cuisson pendant 2 à 3 min.

6. Retirez les pavés de saumon de la poêle et retirez l'excédent d'huile. Ajoutez le piment, les oignons, les pousses d'épinards, un peu de sel et du poivre. Mélangez bien et laissez fondre les épinards pendant 2 à 3 min. Ajoutez le jus du citron vert.

7. Présentez les légumes poêlés sur un plat en posant par-dessus le saumon et la coriandre. Servez aussitôt.

CONSEIL

Servez avec un riz blanc en accompagnement (voir étape 1 p. 14).

SARDINES AUX UMEBOSHI

Pour 4 personnes / 20 min de préparation / 10 à 15 min de cuisson

Ingrédients

8 sardines levées en filet
6 brins de cerfeuil
¼ de botte de ciboulette
1 cm de gingembre frais
6 umeboshi
1 cuil. à soupe de saké
1 cuil. à soupe de graines de sésame
2 cuil. à soupe d'huile végétale
Fleur de sel

Matériel

Petites piques à brochette en bambou (ou cure-dents)
Pinceau alimentaire

1. Préchauffez le four à 180 °C (th. 6). Disposez les sardines sur un grand plat antiadhésif, côté peau vers le bas, et saupoudrez de fleur de sel. Laissez reposer le temps de préparer le reste de la recette.

2. Effeuillez le cerfeuil. Rincez et émincez finement la ciboulette. Épluchez et râpez le gingembre. Dénoyautez les umeboshi et écrasez-les finement. Mélangez-les avec les herbes, le saké, le gingembre râpé et les graines de sésame.

3. Épongez les sardines et retirez l'excédent de sel, puis étalez dessus une fine couche de pâte aux umeboshi. Enroulez ensuite les sardines sur elles-mêmes et maintenez-les fermées en vous aidant de petites piques à brochette (ou de cure-dents). Badigeonnez les sardines d'huile en vous aidant du pinceau.

4. Enfournez et laissez cuire 5 à 7 min. Sortez le plat du four, retournez les sardines et poursuivez la cuisson pendant encore 5 à 7 min. Sortez les sardines du four et servez aussitôt.

VARIANTES

À essayer avec d'autres petits poissons gras comme le maquereau ou l'anchois.

TEMPURAS DE CREVETTES ET DE CALAMARS

Pour 4 personnes / 15 min de préparation / 10 min de cuisson

Ingrédients

200 g de crevettes crues décortiquées
200 g d'anneaux de calamars
50 g de farine
50 g de farine de riz
1 jaune d'œuf
Huile de friture
Sel, poivre

Pour la sauce

½ botte de ciboulette
1 cm de gingembre frais
10 cl de saké
10 cl de sauce soja

1. Rincez et émincez finement la ciboulette. Épluchez et râpez finement le gingembre. Dans un bol, mélangez la ciboulette avec le gingembre, le saké et la sauce soja. Réservez au frais.

2. Incisez le dos des crevettes afin de retirer le boyau noir. Rincez et épongez les anneaux de calamars.

3. Dans un saladier, mélangez les farines avec du sel et un peu de poivre. Dans un petit bol, mélangez le jaune d'œuf avec 10 cl d'eau glacée et versez sans cesser de remuer sur le mélange de farines jusqu'à l'obtention d'une pâte homogène et aussi liquide qu'une pâte à crêpes.

4. Faites chauffer l'huile de friture dans une casserole jusqu'à ce qu'elle frémisse. Prenez les crevettes une à une et trempez-les dans la pâte à tempura. Disposez immédiatement dans l'huile et laissez cuire jusqu'à ce que la pâte prenne une belle couleur dorée. Faites de même avec les calamars, puis retirez les tempuras de l'huile à l'aide d'une écumoire. Disposez-les sur du papier absorbant et servez aussitôt avec la sauce au soja et à la ciboulette.

MAGRET GRILLÉ AU SANSHO

Pour 4 personnes / 30 min de préparation / 30 min de repos / 15 à 20 min de cuisson

Ingrédients
2 magrets de canard
1 cuil. à café de sansho
1 botte de poireaux crayons
½ botte d'oignons nouveaux
Sel

1. Incisez le gras des magrets de canard en croisillons et saupoudrez de sel et de shanso. Laissez reposer à température ambiante pendant 30 min.

2. Rincez et épluchez les poireaux et les oignons nouveaux. Disposez-les dans une casserole d'eau froide salée. Portez à ébullition et laissez cuire pendant 3 à 4 min. Égouttez et réservez.

3. Faites chauffer une grande poêle à feu moyen, puis disposez-y les magrets côté peau vers le bas et disposez autour les poireaux et les oignons. Laissez cuire durant 5 min afin de faire fondre le maximum de graisse.

4. Retirez l'excédent de matière grasse de la poêle et retournez les magrets. Tournez aussi les légumes de temps en temps. Poursuivez la cuisson pendant 5 min. Éteignez le feu, retournez encore une fois les magrets et laissez reposer 2 à 3 min. Disposez les magrets sur une planche à découper et coupez-les en fines tranches en biais.

5. Sur de grandes assiettes, disposez les poireaux et les oignons en bandes. Couvrez des tranches de magret et servez aussitôt.

À SAVOIR

Le shanso est une épice que l'on appelle à tort poivre japonais. Vous en trouverez facilement dans les épiceries japonaises, conditionné dans des petits pots.

PORC PANÉ

Pour 4 personnes / 10 min de préparation / 10 min de cuisson

Ingrédients

400 g de filet de porc
2 œufs entiers
100 g de farine
100 g de chapelure japonaise
10 cl d'huile végétale
Sel, poivre

1. Rincez et épongez la viande. Coupez-la en tranches de moins de 1 cm d'épaisseur. Incisez légèrement le gras de la viande afin que celle-ci ne se rétracte pas en cours de cuisson.

2. Dans une assiette creuse, battez les œufs en omelette avec du sel et du poivre. Mettez la farine dans une autre assiette et faites de même avec la chapelure.

3. Dans une grande poêle, faites chauffer l'huile à feu moyen. En même temps, passez une à une les tranches de viande dans la farine, l'œuf et, pour terminer, dans la chapelure.

4. Lorsque l'huile est frémissante, disposez-y le porc. Comptez 4 à 5 min de cuisson. Il faut que la chapelure soit bien dorée. Retournez les escalopes et poursuivez la cuisson pendant encore 4 à 5 min. Servez chaud.

CONSEILS

C'est un plat que l'on sert habituellement avec des crudités comme du chou blanc, de la moutarde et des légumes au vinaigre ou pickles.

FONDUE AU BŒUF

Pour 4 personnes / 30 min de préparation / 15 min de cuisson

Pour la sauce au citron vert

1 citron vert
1 cuil. à soupe de vinaigre de riz
4 cuil. à soupe de sauce soja
2 cuil. à soupe de mirin
Huile pimentée

Pour la sauce au sésame

75 g de graines de sésame
1 cuil. à café de sucre blanc
10 cl de bouillon dashi
3 cuil. à soupe de sauce soja
2 cuil. à café de mirin
2 cuil. à café de saké

Pour le bouillon

3 oignons nouveaux
3 poireaux crayons
6 champignons shiitakés
100 g de pleurotes
¼ de botte de coriandre
1 bloc de 200 g de tofu
600 g de filet de bœuf
½ daïkon (ou radis blanc)
1 botte de ciboulette
1 carré de dashi kombu

1. Préparez la sauce au citron. Pressez le citron vert et mélangez-le avec tous les ingrédients. Réservez au frais.

2. Pour la sauce au sésame, commencez par réduire les graines en poudre dans un mortier avec le sucre. Ajoutez les autres ingrédients et conservez au frais.

3. Préparez les ingrédients du bouillon : rincez abondamment les oignons et les poireaux, puis taillez-les en tronçons de 5 cm de long. Rincez les champignons, retirez les pieds terreux et coupez les têtes en deux ou en quatre.

4. Effeuillez la coriandre et coupez le tofu en gros cubes de 1 cm de côté. Coupez le bœuf en fines tranches comme vous le feriez pour un carpaccio. Épluchez et râpez finement le daïkon. Rincez et émincez finement la ciboulette.

5. Dans un caquelon, mettez de l'eau salée avec le carré de dashi kombu. Portez à frémissement et retirez l'algue. Mettez alors les champignons, les oignons, les poireaux, le tofu et la coriandre. Portez à ébullition et disposez le caquelon sur un réchaud au centre de la table.

6. Servez en même temps la viande, que chacun fera cuire dans le bouillon et accompagnera des sauces, de la ciboulette et du daïkon. Au fur et à mesure que les légumes sont cuits, servez-les avec la viande.

ASTUCES

Préparez le bouillon dashi selon l'étape 2 de la recette p. 68.
Munissez-vous d'un caquelon et d'un réchaud à fondue pour déguster ce plat.

マイコンロ・ユニヴァース

CAKE AU THÉ MATCHA ET AUX ABRICOTS SECS

Pour 4 personnes / 25 min de préparation / 40 min de cuisson

Ingrédients
12 abricots secs
5 œufs
50 g de sucre en poudre
200 g de sucre glace
250 g de beurre à température ambiante (+ 10 g pour le moule)
225 g de farine
1 sachet de levure chimique
1 cuil. à soupe de thé vert macha
1 pincée de sel

Matériel
Batteur électrique
Moule à cake

1. Préchauffez le four à 180 °C (th. 6). Coupez les abricots secs en quartiers.

2. Séparez les blancs des jaunes d'œufs. Dans un grand saladier, montez les blancs en neige avec le sel en versant la moitié du sucre en poudre petit à petit, tout en fouettant. Quand les blancs sont brillants et fermes, ajoutez le reste du sucre et mélangez délicatement à la spatule.

3. Dans un saladier, mélangez d'abord le sucre glace et le beurre, puis les jaunes d'œufs. Fouettez énergiquement pendant 2 à 3 min. Ajoutez alors la farine, la levure, le thé matcha et mélangez jusqu'à l'obtention d'une préparation homogène.

4. Versez la préparation dans un moule à cake et mettez à chauffer pendant 40 min.

CONSEIL

Accompagnez ce cake de patates douces caramélisées.

VARIANTES

Vous pouvez remplacer les abricots secs par des framboises ou des brisures de marrons glacés.

3. VIETNAM

NEMS GRILLÉS AU PORC

Pour 4 personnes / 40 min de préparation / 10 min de cuisson

Ingrédients

250 g d'épaule de porc
20 g de champignons noirs séchés
20 g de champignons parfumés
100 g de vermicelles de soja (transparents)
½ botte de menthe
½ botte de coriandre
1 botte de ciboulette
2 oignons nouveaux
1 navet blanc
100 g de pousses de soja
1 œuf entier + 1 jaune
2 cuil. à soupe de nuoc-mâm
Environ 15 petites feuilles de riz
Huile de friture
Sel, poivre

Pour servir

Nuoc-nâm
Feuilles de laitue
Feuilles de menthe

1. Faites tremper les champignons ainsi que les vermicelles dans de l'eau tiède pendant 15 min. Effeuillez et émincez grossièrement la menthe et la coriandre. Ciselez la ciboulette.

2. Hachez la viande de porc. Pelez et émincez finement les oignons. Épluchez le navet avant de le tailler en petits dés. Coupez grossièrement les pousses de soja.

3. Égouttez et coupez grossièrement les vermicelles. Égouttez les champignons, retirez les pieds et coupez-les en petits morceaux.

4. Dans un grand saladier, mélangez la viande, les légumes, les herbes, les œufs et le nuoc-mâm. Malaxez et vérifiez l'assaisonnement.

5. À l'aide des feuilles de riz, façonnez les nems. Commencez par disposer un saladier d'eau chaude et un chiffon sec et propre sur le plan de travail. Plongez 1 feuille de riz quelques secondes dans l'eau chaude afin qu'elle s'humidifie et devienne souple. Sortez-la de l'eau, égouttez-la rapidement et disposez-la à plat sur le chiffon. Sur la partie haute de la feuille de riz, à 4 cm du bord de celle-ci, répartissez 2 grosses cuillerées de farce sur une longueur de 5 à 7 cm. Couvrez la farce avec la partie haute de la feuille de riz. Repliez alors les bords de la feuille de riz vers le centre afin de couvrir la farce. Roulez maintenant la farce sur elle-même jusqu'au bout de la feuille de riz. Disposez-les au fur et à mesure sur une grande feuille de papier sulfurisé.

6. Faites chauffer l'huile de friture dans une grande casserole ; elle est chaude lorsqu'elle commence à frémir. Plongez-y alors les nems un à un en faisant attention aux éclaboussures. À l'aide d'une écumoire, sortez les nems de l'huile lorsqu'ils sont bien dorés et disposez-les sur du papier absorbant avant de les servir accompagnés de nuoc-mâm, de laitue et de feuilles de menthe.

ROULEAUX DE PRINTEMPS AUX CREVETTES ET AUX HERBES

Pour 4 personnes / 30 min de préparation / 1 h de marinade / 15 min de cuisson / 1 h de réfrigération

Ingrédients

1 petit piment rouge
2 cm de gingembre frais
400 g de crevettes crues entières
Le jus de 1 citron vert
½ botte de menthe
½ botte d'aneth
½ botte de basilic thaï
½ botte de coriandre
1 oignon nouveau
1 carotte
2 cuil. à soupe de nuoc-mâm
300 g de vermicelles de riz
200 g de pousses de soja
4 grandes feuilles de riz
Quelques feuilles de salade (feuille de chêne verte)
2 cuil. à soupe d'huile végétale
Sel, poivre

1. Retirez le pédoncule du piment et coupez-le en deux dans le sens de la longueur afin de retirer les graines. Émincez ensuite finement la chair. Pelez et hachez le gingembre. Décortiquez les crevettes et faites-les mariner avec le jus du citron vert, le gingembre et le piment pendant 1 h.

2. Lavez et effeuillez les herbes, puis hachez-les grossièrement. Pelez et émincez l'oignon nouveau. Épluchez et râpez la carotte. Mélangez ces ingrédients avec le nuoc-mâm.

3. Égouttez les crevettes et conservez la marinade. Faites chauffer l'huile dans une poêle, puis faites-y revenir les crevettes pendant 3 à 4 min. Versez alors la marinade et enrobez-en les crevettes en remuant pendant 1 min. Éteignez le feu et laissez les crevettes refroidir avant de couper la queue en deux afin d'ôter le boyau central noir.

4. Faites cuire les vermicelles dans de l'eau bouillante salée selon les indications du fabricant. Égouttez-les, puis plongez les pousses de soja 1 min dans la même eau bouillante. Égouttez-les et laissez-les refroidir.

5. Confectionnez les rouleaux de printemps comme indiqué p. 102, étape 5. Pour cela, garnissez chaque feuille de riz d'une feuille de salade, puis de vermicelles, de pousses de soja et du mélange à base d'herbes. Ajoutez ensuite la marinade. Roulez la feuille de riz sur la garniture et, juste avant de terminer le rouleau, ajoutez une ligne de demi-crevettes afin qu'elles apparaissent par transparence. Réservez au frais 1 h avant de servir.

BEIGNETS DE CREVETTES À LA PATATE DOUCE

Pour 4 personnes / 30 min de préparation / 10 min de cuisson

Ingrédients
1 patate douce
24 crevettes crues
1 botte de coriandre
1 botte de ciboulette
100 g de farine de riz
100 g de farine de blé
1 pincée de curcuma en poudre
2 pincées de piment d'Espelette
Nuoc-mâm
Huile de friture
Sel, poivre

1. Épluchez la patate douce. Râpez-la et faites-la tremper dans de l'eau chaude salée. Décortiquez les crevettes et nettoyez-les. Coupez-les en deux dans la longueur afin de retirer le boyau central noir, puis détaillez-les en tronçons. Effeuillez la coriandre. Rincez et émincez la ciboulette.

2. Dans un saladier, mélangez les farines, 2 pincées de sel, du poivre, le curcuma et le piment d'Espelette. Ajoutez de l'eau glacée sans cesser de mélanger, jusqu'à obtenir une pâte d'une consistance aussi épaisse que celle de la pâte à gaufres ou de la pâte à crêpes.

3. Égouttez la patate douce et essuyez-la à l'aide d'un chiffon. Mélangez-la à la pâte à beignets, puis ajoutez les herbes et les crevettes. Mélangez à nouveau afin d'homogénéiser la pâte.

4. Faites chauffer de l'huile de friture dans une poêle. À l'aide d'une cuillère à soupe, prélevez une belle portion de pâte à beignets, plongez-la dans l'huile et faites frire 2 à 3 min de chaque côté, jusqu'à ce que le beignet soit bien doré. Procédez ainsi jusqu'à l'épuisement de la pâte.

5. Ôtez les beignets de l'huile à l'aide d'une écumoire et disposez-les sur du papier absorbant. Servez-les chauds accompagnés de nuoc-mâm.

BRIOCHES À LA VAPEUR

Pour 4 personnes / 40 min de préparation / 30 min de cuisson / 3 h de repos

Ingrédients

Pour la pâte

25 cl de lait entier
50 g de sucre en poudre
1 sachet de levure de boulanger sèche
250 g de farine de blé
50 g de farine de riz
50 g de Maïzena
50 g de beurre fondu

Pour la farce

2 saucisses chinoises lap xuong
15 g de champignons noirs séchés
1 gousse d'ail
2 échalotes
3 œufs durs
300 g de viande de porc hachée
1 cuil. à soupe de nuoc-mâm
1 cuil. à café de sucre en poudre
Sel, poivre

Matériel

Paniers vapeur

1. Préparez la pâte. Faites tiédir le lait. Dans un saladier, versez le sucre, la levure et le lait tiède. Mélangez afin de dissoudre le sucre. Versez les farines et la Maïzena, puis laissez reposer 30 min afin d'activer les levures. Lorsque des bulles commencent à apparaître, mélangez les farines avec le levain. Ajoutez le beurre et mélangez jusqu'à obtenir une pâte homogène qui ne colle plus aux doigts. Roulez la pâte en boule, couvrez-la d'un chiffon humide et laissez-la reposer 2 h. Il faut qu'elle double de volume.

2. Préparez la farce. Donnez des coups de fourchette dans les saucisses, puis plongez-les dans une casserole d'eau froide. Portez à ébullition et laissez cuire 1 à 2 min. Égouttez-les.

3. Faites tremper les champignons noirs dans de l'eau chaude pendant 30 min, puis égouttez-les et hachez-les. Pelez puis hachez l'ail et les échalotes. Taillez les œufs en quatre. Lorsque les saucisses sont froides, coupez-les en fines lamelles. Dans un saladier, mélangez tous les ingrédients de la farce et vérifiez l'assaisonnement. Réservez au frais.

4. Lorsque la pâte a doublé de volume, écrasez-la et divisez-la en une douzaine de petits pâtons. Sur un plan de travail fariné, étalez les pâtons en disques d'environ 15 cm de diamètre. Placez au centre une grosse cuillerée de farce et un quartier d'œuf.

5. Pour façonner les brioches, remontez le bord du disque de pâte vers le centre, en recouvrant la farce et en le pinçant au fur et à mesure tout en tournant autour de la brioche afin de réunir le bord en pointe au centre. Vous obtenez une brioche ronde et plissée vers une sorte de « cheminée ».

6. Tapissez des paniers vapeur de papier sulfurisé et déposez-y les brioches en les espaçant, car elles vont gonfler à la cuisson. Placez les paniers sur une casserole d'eau bouillante et laissez cuire 25 min. Servez aussitôt.

SANDWICH BAGUETTE AU PORC

Pour 4 personnes / 20 min de préparation / 4 h 15 de repos / 2 h de marinade / 25 min de cuisson

Ingrédients

2 carottes
15 cl de vinaigre de riz
2 cuil. à soupe de cassonade
1 concombre
1 botte de coriandre
300 g de filet mignon de porc
2 baguettes de pain
Sel

Pour la marinade de porc

2 cuil. à soupe de sauce hoisin
75 g de sucre en poudre
2 cuil. à soupe de miel
2 cuil. à soupe de sauce soja
2 cuil. à soupe de vin de xeres
1 pincée de cinq-épices

Pour la mayonnaise

1 petit piment rouge
1 jaune d'œuf
1 cuil. à café de moutarde de Dijon
15 cl d'huile végétale
Le jus de ½ citron vert

1. Épluchez les carottes et râpez-les finement. Mettez-les dans un saladier avec 50 cl d'eau chaude, le vinaigre de riz, la cassonade et 2 cuil. à café de sel. Épluchez le concombre et coupez-le en deux afin de retirer les graines. Détaillez la chair en bâtonnets et saupoudrez-les de sel. Laissez reposer 2 h dans un petit saladier, puis égouttez-les 2 h dans un tamis.

2. Dans le même temps, préparez la marinade. Dans un bol, mélangez 10 cl d'eau chaude et 1 pincée de sel avec tous les ingrédients de la marinade afin de les dissoudre et de bien les mélanger. Faites mariner la viande de porc dans cette préparation pendant 2 h.

3. Préchauffez le four à 180 °C (th. 6). Réservez la marinade et enfournez la viande pendant 25 min, en la badigeonnant de marinade en cours de cuisson. Éteignez le four et entrouvrez la porte. Laissez la viande reposer 15 min avant de la faire refroidir hors du four.

4. Préparez la mayonnaise. Retirez le pédoncule du piment et fendez-le dans la longueur afin de retirer les graines. Hachez la chair. Dans un saladier, battez le jaune d'œuf avec la moutarde et incorporez l'huile en la versant en un très mince filet, jusqu'à ce que la mayonnaise soit prise. Ajoutez le jus de citron vert et le piment.

5. Égouttez les carottes et le concombre. Effeuillez la coriandre et émincez le porc laqué en fines tranches. Coupez la baguette de pain en 4 tronçons de taille égale et ouvrez-les en les fendant dans la longueur. Étalez une fine couche de mayonnaise au centre, puis garnissez de carottes, de concombre, de viande et enfin de coriandre.

PHÔ

Pour 4 personnes / 20 min de préparation / 3 h de cuisson

Ingrédients

3 cm de gingembre frais
2 échalotes
2 étoiles de badiane (anis étoilés)
1 bâton de cannelle
2 gousses de cardamome noire
1 tige de citronnelle
1 piment rouge
500 g de plat de côtes de bœuf
1 joue de bœuf
1 kg d'os de bœuf
4 cuil. à soupe de nuoc-mâm
2 cuil. à soupe de sauce soja
½ botte de menthe
½ botte de coriandre
2 oignons nouveaux
400 g de nouilles de riz
Sel, poivre

Matériel

Chinois

1. Épluchez le gingembre et les échalotes. Dans un grand faitout, mettez les épices, le gingembre, les échalotes, la citronnelle, le piment, les viandes et les os de bœuf. Recouvrez largement d'eau froide, puis versez le nuoc-mâm et la sauce soja.

2. Portez à ébullition, en retirant l'écume grise qui se forme en surface, et laissez cuire à petits bouillons pendant 3 h. Salez et poivrez en fin de cuisson, après avoir filtré le bouillon au chinois. Retirez la viande qui se trouve sur le plat-de-côtes et écrasez à la fourchette la joue de bœuf.

3. Effeuillez les herbes et émincez-les très finement. Rincez les oignons nouveaux avant de les émincer finement également. Portez une casserole d'eau salée à ébullition, puis plongez-y les nouilles de riz et laissez-les cuire 2 min. Égouttez-les.

4. Répartissez les nouilles de riz dans de grands bols et garnissez d'herbes et d'oignons nouveaux. Recouvrez de bouillon de bœuf bouillant et ajoutez les morceaux de viande.

SOUPE DE POULET, VERMICELLES ET MENTHE

Pour 4 personnes / 30 min de préparation / 1 h de cuisson

Ingrédients

1 carcasse de poulet
4 cuil. à soupe de nuoc-mâm
200 g de vermicelles
200 g de pousses de soja
4 cm de gingembre frais
1 botte de menthe
½ botte de coriandre
3 oignons nouveaux
2 petits piments rouges
1 citron vert
Sel, poivre

Matériel

4 grands bols
3 petits bols

1. Rincez la carcasse de poulet sous l'eau froide et disposez-la dans une grande casserole. Versez le nuoc-mâm et couvrez d'eau froide. Portez à ébullition, en retirant l'écume grise qui se forme en surface, et laissez cuire à feu moyen pendant 50 min.

2. Faites cuire les vermicelles dans un grand volume d'eau salée selon les indications du fabricant. Égouttez-les, puis plongez les pousses de soja dans la même eau bouillante pendant 2 à 3 min. Égouttez et réservez.

3. Pelez le gingembre et taillez-le en fines lamelles, puis en fins bâtonnets. Mettez les bâtonnets de gingembre dans une casserole d'eau froide salée et portez à ébullition. Égouttez puis réservez.

4. Effeuillez la menthe et la coriandre. Rincez et émincez finement les oignons nouveaux et les piments. Pressez le citron vert et ajoutez le jus au bouillon de poulet. Filtrez le bouillon de poulet et gardez-le au chaud. Décortiquez la carcasse de poulet.

5. Répartissez les vermicelles dans de grands bols et garnissez ensuite de pousses de soja, d'herbes et de poulet. Arrosez de bouillon bien chaud. Servez le piment, le gingembre et les oignons dans des petits bols à part.

BO BUN

Pour 4 personnes / 40 min de préparation / 15 min de cuisson

Ingrédients
2 carottes
1 concombre
2 cuil. à soupe de sucre en poudre
2 cuil. à soupe de vinaigre de riz
1 botte de coriandre
½ botte de menthe
1 botte de basilic thaïlandais
2 cuil. à soupe de cacahuètes grillées
200 g de pousses de soja
300 g de vermicelles de riz
Environ 12 nems au porc
Nuoc-mâm
Huile végétale

Pour la garniture au bœuf
400 g de filet de bœuf
1 gousse d'ail
1 échalote
1 tige de citronnelle
1 cuil. à café de cassonade
Sel, poivre

1. Préparez la garniture au bœuf. Taillez la viande en tranches de 0,5 cm d'épaisseur. Épluchez et hachez l'ail, l'échalote et la citronnelle. Mélangez-les dans un saladier, avec la viande, le sucre et 2 cuil. à soupe de nuoc-mâm. Réservez au réfrigérateur le temps de préparer le reste de la recette.

2. Épluchez et râpez les carottes. Pelez le concombre, coupez-le en deux afin de retirer les graines et râpez la chair. Mélangez-la avec les carottes, 4 cuil. à soupe d'eau chaude, le sucre et le vinaigre de riz. Laissez reposer à température ambiante.

3. Effeuillez la coriandre, la menthe et le basilic. Concassez grossièrement les cacahuètes à l'aide d'un rouleau à pâtisserie. Portez une casserole d'eau salée à ébullition et faites-y cuire les pousses de soja pendant 1 min. Égouttez-les. Faites cuire les vermicelles selon les indications inscrites sur le paquet. Égouttez-les également.

4. Mélangez les vermicelles avec les herbes et les pousses de soja. Égouttez le concombre et les carottes, puis ajoutez-les aux vermicelles.

5. Faites chauffer l'huile dans un wok et faites-y revenir rapidement la viande avec sa marinade à feu très vif afin de dorer celle-ci tout en la gardant rosée à cœur. En même temps, réchauffez les nems dans une poêle ou un bain de friture, puis coupez-les en deux.

6. Répartissez les vermicelles dans de grands bols et disposez par-dessus les nems et le bœuf. Parsemez de cacahuètes et servez aussitôt avec le nuoc-mâm.

ASTUCE

Vous pouvez réaliser les nems au porc maison (voir recette p. 102).

CRÊPES AUX CHAMPIGNONS

Pour 4 personnes / 30 min de trempage / 30 min de préparation / 30 min de cuisson

Ingrédients

30 g de champignons noirs séchés
30 g de shiitakés séchés
3 gousses d'ail
6 échalotes
1 piment rouge
1 botte de coriandre
1 concombre
4 fines tranches de poitrine de porc fraîche
300 g de viande de porc hachée
1 cuil. à café de sucre de palme ou de cassonade
2 cuil. à soupe de nuoc-mâm
Huile végétale
Sel, poivre

Pour la pâte à crêpes

200 g de farine de riz
60 g de tapioca (farine de manioc)
1 cuil. à soupe d'huile végétale
1 pincée de sel

1. Faites tremper les champignons 30 min dans de l'eau chaude. Égouttez-les, et hachez-les. Préparez la pâte à crêpes. Dans un saladier, mélangez la farine de riz avec le tapioca, le sel et l'huile, puis versez 50 cl d'eau très froide en un mince filet, tout en mélangeant. La pâte doit être lisse et un peu plus liquide que celle d'une pâte à crêpes classique. Dans une poêle antiadhésive, faites chauffer un peu d'huile, que vous étalerez à l'aide de papier absorbant. Lorsque la poêle est fumante, versez-y une louche de pâte. Faites cuire la crêpe 1 à 2 min d'un seul côté, car elle doit être très fine. Gardez au chaud le temps de faire cuire les autres crêpes.

2. Préparez la farce. Épluchez puis hachez l'ail et 3 échalotes. Retirez le pédoncule du piment, coupez-le en deux, épépinez-le et hachez-le. Épluchez les 3 autres échalotes et émincez-les finement. Effeuillez la coriandre. Pelez le concombre et coupez-le en deux afin de retirer les graines. Détaillez-le en tronçons de 3 ou 4 cm, puis en bâtonnets de 0,5 cm d'épaisseur. Mettez-les dans un tamis et saupoudrez-les de sel fin. Coupez la poitrine en fins lardons.

3. Faites chauffer de l'huile dans une poêle, puis faites-y dorer les échalotes émincées 8 à 10 min à feu moyen. Égouttez-les sur du papier absorbant. Versez de l'huile et, lorsqu'elle est fumante, ajoutez la viande hachée et les lardons. Faites-les dorer 2 à 3 min, puis retirez le tout à l'aide d'une écumoire. Mettez le gingembre, l'ail, les échalotes hachées, le piment et les champignons dans la poêle, puis faites cuire à feu vif pendant 3 à 4 min. Lorsque les champignons sont moelleux, ajoutez la viande, le sucre et le nuoc-mâm. Faites cuire en remuant souvent pendant 3 à 4 min. Vérifiez l'assaisonnement.

4. Garnissez les crêpes de farce et façonnez-les en nems (voir étape 5 p. 102). Parsemez de coriandre, de concombre et d'échalotes frites. Servez.

NOUILLES DE RIZ SAUTÉES AU BŒUF

Pour 4 personnes / 30 min de trempage / 20 min de préparation / 20 min de cuisson

Ingrédients

25 g de champignons parfumés
3 tiges de ciboule thaïlandaise
200 g de viande de bœuf
1 poignée de haricots verts
1 tête de brocoli
1 gousse d'ail
2 cm de gingembre frais
2 échalotes
20 cl de bouillon de volaille (voir étape 1 p. 28)
200 g de nouilles de riz (nouilles plates)
2 cuil. à soupe de nuoc-mâm
1 cuil. à soupe de sauce soja
Quelques gouttes d'huile de sésame
4 cuil. à soupe d'huile végétale
Sel, poivre

1. Faites tremper les champignons pendant 30 min dans de l'eau chaude. Égouttez-les avant de les émincer. Lavez et émincez finement la ciboule.

2. Taillez le bœuf en morceaux de 2 à 3 cm de côté. Équeutez les haricots. Retirez le pied et la tige du brocoli afin de ne garder que les fleurettes. Pelez et hachez finement l'ail, le gingembre et les échalotes.

3. Versez l'huile végétale dans un wok. Lorsqu'elle est fumante, faites-y dorer la viande rapidement afin qu'elle reste rosée à cœur. Retirez la viande du wok.

4. Ajoutez alors l'ail, les échalotes, les champignons et le gingembre dans le wok, puis laissez cuire 3 à 4 min. Ajoutez ensuite les haricots verts et le brocoli, puis versez le bouillon de volaille. Couvrez le wok et laissez cuire à feu moyen pendant 3 à 4 min. Les légumes doivent être moelleux mais légèrement croquants.

5. Plongez les nouilles de riz dans le wok et laissez-les gonfler à couvert. Mélangez et versez le nuoc-mâm et la sauce soja. Vérifiez l'assaisonnement et la cuisson des pâtes et des légumes. Si nécessaire, prolongez le temps de cuisson et ajoutez éventuellement un peu d'eau dans le fond du wok.

6. Juste avant de servir, ajoutez la viande dans le wok et mélangez rapidement pour la réchauffer. Agrémentez de quelques gouttes d'huile de sésame et parsemez de ciboule. Dégustez aussitôt.

POISSON CHA CA

Pour 4 personnes / 30 min de préparation / 4 h de réfrigération / 20 min de cuisson

Ingrédients

4 pavés de queue de lotte ou de lieu jaune
1 oignon blanc
2 échalotes
½ botte de coriandre
1 botte d'aneth
1 piment rouge pas trop fort
2 cuil. à soupe de cacahuètes grillées
6 cuil. à soupe d'huile végétale
Poivre

Pour la marinade

6 brins d'aneth
6 brins de coriandre vietnamienne
1 gousse d'ail
1 échalote
2 cm de gingembre frais
Le jus de ½ citron vert
3 cuil. à soupe de nuoc-mâm
1 cuil. à café de curcuma en poudre

1. Préparez la marinade. Effeuillez puis hachez l'aneth et la coriandre. Pelez et hachez finement l'ail, l'échalote et le gingembre. Mélangez ensuite tous les ingrédients de la marinade dans un bol. Disposez le poisson dans un plat et roulez-le dans la marinade. Laissez reposer au réfrigérateur pendant 4 h.

2. Préparez la garniture. Épluchez puis émincez l'oignon et les échalotes. Effeuillez la coriandre et l'aneth. Retirez le pédoncule du piment et émincez-le finement en biais. Concassez grossièrement les cacahuètes.

3. Dans une poêle, faites revenir à feu doux l'oignon et les échalotes avec la moitié de l'huile, jusqu'à ce que les légumes aient fondu et deviennent translucides. Réservez.

4. Retirez le poisson de la marinade. Faites chauffer le reste d'huile dans une poêle, puis faites-y dorer les pavés de poisson après les avoir généreusement poivrés. Comptez 3 à 4 min de cuisson de chaque côté.

5. Disposez le poisson grillé sur un plat. Faites réchauffer l'oignon et les échalotes dans la poêle durant 1 à 2 min. Coupez le feu, puis ajoutez le piment et les herbes. Disposez cette garniture sur le poisson et parsemez de cacahuètes.

CONSEIL

Servez avec un riz blanc (voir p. 14) ou des nouilles de riz en accompagnement.

CREVETTES GRILLÉES SAUCE SATÉ

Pour 4 personnes / 20 min de préparation / 30 min de repos / 15 min de cuisson

Ingrédients
24 grosses crevettes crues entières
Le jus de 1 citron vert
2 cuil. à soupe de nuoc-mâm
½ botte de coriandre
1 oignon nouveau
1 piment rouge pas trop fort
4 cuil. à soupe d'huile végétale

Pour la sauce saté
3 feuilles de combava
1 cuil. à café de pâte de curry rouge
30 cl de lait de coco
2 cuil. à soupe de sucre de palme ou de cassonade
2 cuil. à soupe de nuoc-mâm
100 g de beurre de cacahuètes
2 cuil. à soupe d'huile végétale
Sel, poivre

Matériel
Mixeur

1. Décortiquez les crevettes en laissant la queue et la tête. Disposez-les dans un plat et arrosez-les du jus de citron vert et du nuoc-mâm. Laissez reposer pendant 30 min à température ambiante.

2. Préparez la sauce saté. Retirez la nervure centrale des feuilles de combava. Dans une petite casserole, faites revenir pendant 5 min la pâte de curry rouge avec l'huile végétale. Ajoutez le lait de coco, les feuilles de combava, le sucre et le nuoc-mâm. Portez à ébullition et incorporez le beurre de cacahuètes. Baissez le feu et poursuivez la cuisson 5 min. Coupez le feu et mixez longuement afin d'obtenir une sauce épaisse et homogène. Vérifiez l'assaisonnement.

3. Effeuillez la coriandre. Rincez et émincez l'oignon nouveau. Ôtez le pédoncule du piment et émincez-le finement. Retirez les crevettes de la marinade.

4. Faites chauffer l'huile dans une poêle et, lorsqu'elle est presque fumante, mettez-y les crevettes. Surtout ne les touchez pas pendant 1 ou 2 min de façon à ce qu'elles soient bien grillées. Retournez-les alors et poursuivez la cuisson 2 min. Coupez le feu, ajoutez la coriandre, le piment et l'oignon. Mélangez. Disposez les crevettes sur un plat et servez-les avec la sauce saté.

CONSEIL

Le fait de décortiquer les crevettes en laissant la queue et la tête représente une étape délicate à réaliser, mais cela en vaut vraiment la peine, tant au niveau visuel que gustatif.

CALAMARS FARCIS AU PORC

Pour 4 personnes / 40 min de préparation / 30 min de trempage / 25 min de cuisson

Ingrédients

30 g de vermicelles de riz
4 grands blancs de seiche entiers
2 gousses d'ail
1 échalote
6 brins de coriandre vietnamienne
200 g de chair de porc hachée
½ cuil. à café de sucre en poudre
2 cuil. à soupe de nuoc-mâm
Le jus de 1 citron vert
15 cl de bouillon de volaille (voir étape 1 p. 28)
2 cuil. à soupe d'huile végétale
Sel, poivre

Matériel

Cure-dents

1. Faites tremper les vermicelles dans de l'eau tiède pendant 30 min. Rincez les blancs de seiche. Épluchez puis hachez finement l'ail et l'échalote. Effeuillez et émincez finement la coriandre.

2. Égouttez les vermicelles et concassez-les. Dans un saladier, mélangez la viande avec les vermicelles, l'ail, l'échalote, la coriandre, le sucre, le nuoc-mâm, le jus du citron, du sel et du poivre.

3. Garnissez les blancs de seiche de la farce aux trois quarts de leur contenance, puis maintenez-les fermés avec des cure-dents.

4. Faites chauffer l'huile dans un wok, puis disposez-y délicatement les blancs de seiche farcis. Faites-les dorer sur toutes les faces pendant 10 min. Versez alors le bouillon de volaille ou le fumet de poisson, couvrez et poursuivez la cuisson pendant 10 min. Coupez le feu et laissez reposer les calamars farcis, toujours à couvert, pendant 5 min.

CONSEIL

Servez avec un riz blanc en accompagnement (voir étape 1 p. 14).

POITRINE DE PORC GRILLÉE AU NUOC-MÂM ET À L'ORANGE

Pour 4 personnes / 15 min de préparation / 20 min de cuisson

Ingrédients

8 tranches épaisses de poitrine de porc fraîche
½ botte de coriandre
2 tiges de ciboule thaïlandaise
2 oranges Navel non traitées
2 cuil. à soupe de sucre de palme ou de cassonade
3 cuil. à soupe de nuoc-mâm
2 cuil. à soupe d'huile végétale
Sel, poivre

1. Retirez la couenne de la poitrine de porc, ainsi que les morceaux de cartilage. Découpez les tranches en tronçons de 2 à 3 cm de largeur. Effeuillez la coriandre. Rincez et émincez la ciboule.

2. Prélevez le zeste de 1 orange, puis taillez-le en fins bâtonnets. Pressez les oranges. Disposez les zestes d'orange dans une casserole. Couvrez d'eau froide et portez à ébullition. Égouttez les zestes et recommencez cette opération deux fois. Égouttez et réservez.

3. Faites chauffer l'huile à feu moyen dans une poêle. Lorsqu'elle frémit, faites-y revenir les morceaux de poitrine de porc, toujours à feu moyen. Retournez-les toutes les 4 ou 5 min afin que la graisse fonde et qu'ils dorent. Lorsque la viande a une belle couleur caramel, retirez-la de la poêle et réservez-la au chaud (disposez-la dans une assiette chaude et couvrez de papier d'aluminium).

4. Retirez l'excès de gras de la poêle et versez-y le sucre. Lorsqu'il a fondu, ajoutez le nuoc-mâm et portez à ébullition. Versez alors le jus et les zestes d'orange, puis laissez réduire d'un tiers. Poivrez, vérifiez l'assaisonnement en sel et ajoutez les morceaux de poitrine de porc. Enrobez-les bien de sauce, portez à ébullition et laissez cuire 2 à 3 min. Parsemez de coriandre et de ciboule avant de servir.

GRILLADES DE PORC AU NUOC-MÂM ET SALADE D'HERBES

Pour 4 personnes / 25 min de préparation / 15 min de cuisson

Ingrédients
250 g de poitrine de porc
2 échalotes
250 g de viande de porc hachée
3 cuil. à soupe d'huile végétale
Sel, poivre

Pour la marinade
2 gousses d'ail
2 cuil. à soupe de nuoc-mâm
1 cuil. à soupe de cassonade

Pour la salade d'herbes
1 botte de coriandre
1 botte de menthe
1 botte d'aneth
1 botte de cerfeuil
1 botte de persil
1 échalote
½ citron vert
3 cuil. à soupe d'huile végétale

1. Préparez la marinade. Pelez et hachez l'ail. Mélangez-le dans un bol avec le nuoc-mâm, du poivre et la cassonade. Découpez la poitrine de porc en très fines tranches et arrosez-les de la marinade.

2. Épluchez et hachez très finement les échalotes. Mélangez la viande de porc hachée avec les échalotes, du sel et du poivre. Prélevez 1 cuil. à soupe de cette farce et façonnez-la en boule. Écrasez-la légèrement de façon à obtenir un palet. Procédez ainsi jusqu'à l'épuisement de la farce.

3. Préparez la salade. Effeuillez toutes les herbes. Épluchez et émincez très finement l'échalote. Dans un saladier, pressez le citron et mélangez le jus avec l'huile, du sel et du poivre. Ajoutez les herbes et mélangez.

4. Dans une grande poêle, faites chauffer la moitié de l'huile, puis faites-y revenir les palets de viande en comptant 3 à 4 min de chaque côté afin de bien les faire dorer. Dans une autre poêle, faites chauffer le reste d'huile et faites-y griller les tranches de poitrine de porc. Comptez également 3 à 4 min de cuisson de chaque côté.

5. Répartissez la salade d'herbes dans de jolis bols et disposez dessus les grillades de porc. Servez aussitôt.

POULET AU GINGEMBRE

Pour 4 personnes / 15 min de préparation / 10 min de cuisson

Ingrédients

1 oignon jaune
3 cm de gingembre frais
2 gousses d'ail
2 tiges de ciboule thaïlandaise
1 botte de coriandre
1 grand concombre
4 blancs de poulet
10 cl de bouillon de volaille (voir étape 1 p. 28)
1 cuil. à café de sucre de palme ou de cassonade
2 cuil. à soupe de nuoc-mâm
3 cuil. à soupe d'huile végétale
Sel, poivre

Matériel

Tamis

1. Épluchez et émincez finement l'oignon. Pelez le gingembre et l'ail. Découpez-les en fines tranches avant de les détailler en très fins bâtonnets. Rincez et émincez la ciboule. Effeuillez la coriandre.

2. Épluchez le concombre, coupez-le en deux afin de retirer les graines. Découpez-le ensuite en tronçons et détaillez-les en bâtonnets de 0,5 cm de largeur. Mettez le concombre dans le tamis et saupoudrez-le de sel fin. Laissez reposer le temps de préparer le reste de la recette.

3. Taillez le poulet en fines escalopes. Faites chauffer l'huile dans un wok ou une grande poêle. Lorsqu'elle est fumante, versez l'oignon et laissez cuire 3 à 4 min. Ajoutez alors l'ail, le gingembre et le poulet. Mélangez bien et laissez la viande griller et dorer.

4. Versez alors le bouillon de volaille, le sucre et le nuoc-mâm dans le wok. Mélangez, portez à ébullition et laissez cuire 2 à 3 min. Ajoutez la ciboule, mélangez à nouveau et vérifiez l'assaisonnement.

5. Disposez le poulet dans un plat de service. Garnissez de concombre et de coriandre, puis servez aussitôt.

POULET RÔTI AU MIEL ET AUX HERBES

Pour 4 personnes / 15 min de préparation / 2 h de marinade / 1 h de cuisson / 15 min de repos

Ingrédients
1 petit poulet Label Rouge
25 g de beurre
Environ 12 feuilles de combava
Sel, poivre

Pour la marinade au miel
2 gousses d'ail
2 tiges de ciboule thaïlandaise
½ citron vert
1 cuil. à soupe de miel de fleur liquide
2 cuil. à soupe de sauce soja

1. Préparez la marinade. Pelez puis hachez finement l'ail. Rincez et émincez la ciboule. Dans un bol, pressez le citron vert et mélangez le jus avec un peu de sel, de poivre et les ingrédients de la marinade.

2. Décollez délicatement la peau du poulet en passant vos mains entre la peau et la chair. Faites fondre le beurre au bain-marie ou au four à micro-ondes.

3. Trempez une à une les feuilles de combava dans le beurre et disposez-les ensuite sous la peau du poulet. Badigeonnez le poulet de la marinade au miel et laissez-le reposer à température ambiante pendant 2 h, en arrosant aussi souvent que possible le poulet de la marinade.

4. Préchauffez le four à 180 °C (th. 6). Arrosez le poulet du reste de beurre et enfournez-le pour 20 min de cuisson. Tournez le poulet sur une aile, sans oublier de l'arroser avec le jus de cuisson, et poursuivez la cuisson 15 min. Placez maintenant le poulet sur l'autre aile pendant 15 min. Disposez le poulet à nouveau à plat et poursuivez la cuisson encore 10 min.

5. Éteignez alors le four et retournez le poulet afin qu'il ait les pattes en l'air. Laissez reposer 15 min avant de servir le poulet entier pour le découper devant les convives.

CANARD GRILLÉ À L'ORANGE

Pour 4 personnes / 20 min de préparation / 2 h de marinade / 20 min de cuisson

Ingrédients
2 magrets de canard d'environ 300 g pièce
3 oranges Navel
2 petits piments rouges pas trop forts
1 cuil. à soupe de sucre de palme ou de cassonade

Pour la marinade
1 oignon nouveau
1 cm de gingembre frais
½ petit piment vert pas trop fort
3 cuil. à soupe de nuoc-mâm
1 cuil. à soupe de sauce soja

1. Préparez la marinade. Pelez puis hachez finement l'oignon et le gingembre. Retirez le pédoncule du piment et émincez-le. Mélangez ces ingrédients avec le nuoc-mâm et la sauce soja dans un bol.

2. Incisez en croisillons le gras du canard et arrosez-le de marinade. Laissez-le mariner pendant 2 h à température ambiante, en le tournant aussi souvent que possible dans la marinade.

3. Prélevez le zeste de 1 orange et taillez-le en très fins bâtonnets. Pressez les oranges. Disposez les zestes dans une casserole. Couvrez d'eau froide et portez à ébullition. Égouttez les zestes et recommencez cette opération 2 fois.

4. Retirez le pédoncule des piments et coupez-les en deux afin de retirer les graines. Taillez ensuite la chair en bâtonnets de la même taille que les zestes d'orange.

5. Retirez le magret de la marinade. Faites chauffer une poêle à feu moyen et disposez-y le canard, côté gras contre la poêle. Laissez cuire 5 min afin de faire fondre la peau mais aussi de la griller. Tournez les magrets et poursuivez la cuisson 5 min. Retirez les magrets de la poêle et disposez-les sur une planche à découper. Couvrez de papier d'aluminium.

6. Enlevez l'excédent de gras de la poêle et faites-y fondre le sucre. Lorsqu'il s'est transformé en caramel, versez le jus d'orange et portez à ébullition. Laissez réduire de moitié à gros bouillons. Ajoutez le piment et les zestes d'orange.

7. Découpez les magrets de canard en médaillons et disposez-les dans la sauce à l'orange avant de servir.

BŒUF AUX OIGNONS CONFITS

Pour 4 personnes / 15 min de préparation / 30 min de marinade / 10 min de cuisson

Ingrédients

600 g de viande de bœuf
3 oignons jaunes
2 cm de gingembre frais
3 gousses d'ail
1 botte de basilic thaïlandais
10 cl de bouillon de bœuf
3 cuil. à soupe d'huile végétale
Sel, poivre

Pour la marinade

2 cuil. à café de sucre de palme ou de cassonade
3 cuil. à soupe de sauce soja
1 cuil. à soupe de vinaigre de riz

1. Dans un bol, mélangez la moitié du sucre avec la sauce soja et le vinaigre de riz. Disposez la viande dans un plat et arrosez-la de cette marinade. Laissez mariner 30 min à température ambiante.

2. Pendant ce temps, épluchez les oignons et émincez-les le plus finement possible. Pelez le gingembre et l'ail. Découpez-les en fines tranches avant de les détailler en très fins bâtonnets. Effeuillez le basilic.

3. Retirez la viande de la marinade. Faites chauffer l'huile dans une grande poêle. Lorsqu'elle est fumante, faites-y dorer la viande pendant 1 à 2 min de chaque côté. Il faut qu'elle reste crue à cœur. Retirez la viande de la poêle et disposez-la sur une planche à découper. Laissez-la reposer le temps de préparer la garniture.

4. Dans la poêle très chaude, versez les oignons et faites-les cuire en remuant souvent. Au bout de 4 à 5 min, lorsque les oignons ont bien fondu, versez le sucre restant. Laissez caraméliser 1 à 2 min avant d'ajouter le gingembre et l'ail. Mélangez et versez le bouillon de bœuf. Laissez réduire de moitié.

5. Découpez la viande en tronçons de 2 ou 3 cm de largeur et ajoutez-les dans la poêle. Mélangez rapidement juste pour réchauffer la viande. Vérifiez l'assaisonnement et parsemez de basilic. Servez aussitôt.

ASTUCE

Préparez le bouillon de bœuf en vous inspirant de l'étape 1 p. 28, remplacez la volaille par du bœuf.

BŒUF GRILLÉ À LA CITRONNELLE

Pour 4 personnes / 20 min de préparation / 30 min de marinade / 10 min de cuisson

Ingrédients

500 g de filet de bœuf
4 tiges de citronnelle
½ botte de coriandre
½ botte de basilic thaïlandais
2 cuil. à soupe de poudre de saté
3 cuil. à soupe d'huile végétale
Sel, poivre

Pour la marinade

1 gousse d'ail
1 cm de gingembre frais
2 pincées de piment en poudre
1 cuil. à café de cassonade
1 cuil. à soupe de sauce soja
1 cuil. à soupe de nuoc-mâm
Le jus de 1 citron vert

Matériel

Pique à brochette en métal

1. Taillez le bœuf en cubes de 2 ou 3 cm de côté. À l'aide de la pique à brochette en métal, percez un trou au centre de chaque morceau de bœuf. Enfilez ensuite les morceaux de viande sur les tiges de citronnelle.

2. Préparez la marinade. Pelez puis hachez finement l'ail et le gingembre. Mélangez-les avec le piment en poudre, la cassonade, la sauce soja, le nuoc mâm et le jus de citron vert. Mélangez bien et répartissez la marinade sur la viande. Laissez reposer pendant 30 min à température ambiante.

3. Effeuillez la coriandre et le basilic, puis hachez-les grossièrement. Mélangez les herbes avec la poudre de saté et réservez au frais.

4. Faites chauffer l'huile dans une grande poêle. Lorsqu'elle frémit, ajoutez les brochettes de viande dans la poêle et laissez-les cuire 3 à 4 min de chaque côté. Badigeonnez-les en cours de cuisson de la marinade.

5. Coupez le feu et laissez reposer la viande 2 à 3 min dans la poêle. Disposez-la dans un plat de service et saupoudrez-la des herbes au saté. Servez aussitôt.

GINGEMBRE CONFIT AU SÉSAME

Pour 4 personnes / 30 min de préparation / 2 nuits + 6 h de repos / 1 h 05 de cuisson

Ingrédients

300 g de jeune gingembre frais

200 g de sucre en poudre

1 cuil. à soupe de graines de sésame doré

1 cuil. à soupe de graines de sésame noir

6 cuil. à soupe de cassonade

Matériel

Pilon et mortier

1. Commencez par faire tremper le gingembre dans de l'eau froide durant 6 h. Égouttez-le, puis séchez-le et pelez-le. À l'aide d'un couteau bien aiguisé, taillez le gingembre en tranches de 0,5 cm d'épaisseur en biais. Rincez-les sous l'eau froide.

2. Mettez le gingembre dans une grande casserole et couvrez-le d'eau froide. Portez à ébullition et laissez cuire 20 min. La pointe d'un couteau que vous y enfoncez à cœur ne doit rencontrer aucune résistance. Égouttez alors les tranches de gingembre et disposez-les sur du papier absorbant ou sur un chiffon propre. Laissez le gingembre ainsi reposer 1 nuit afin de bien le sécher.

3. Le jour même, versez le sucre en poudre dans une casserole avec 10 cl d'eau. Mettez sur le feu et faites cuire afin d'obtenir un sirop homogène, puis plongez-y les tranches de gingembre. Portez à nouveau à ébullition et laissez cuire 45 min à feu doux. Le gingembre doit absorber une bonne partie du sirop.

4. Dans le mortier, écrasez grossièrement au pilon les graines de sésame avec la cassonade. Saupoudrez une feuille de papier sulfurisé de la moitié de ce mélange et posez par-dessus les tranches de gingembre confit. Saupoudrez le tout du reste de cassonade au sésame et laissez à nouveau reposer 1 nuit avant de déguster.

4. THAÏLANDE / CAMBODGE

BROCHETTES DE POULET AU SATÉ

Pour 6 personnes / 20 min de préparation / 20 min de cuisson

Ingrédients

1 petit concombre
2 blancs de poulet
1 portion de sauce saté du commerce ou maison (voir étape 2 p. 124)
1 petit piment rouge
1 échalote
1 citron vert
1 cuil. à café de sucre en poudre
2 cuil. à soupe d'huile de noix de coco ou végétale
Sel fin

Matériel

Piques à brochette
Presse-agrumes

1. Épluchez le concombre, coupez-le en quatre dans le sens de la longueur, puis détaillez chaque quart en tronçons de 0,5 cm. Mettez les morceaux de concombre dans une passoire et saupoudrez-les de sel fin. Laissez reposer le temps de préparer le reste de la recette.

2. Détaillez le poulet en lamelles de 10 cm de longueur sur une épaisseur de 1 cm. Piquez-les sur les piques à brochette et déposez-les dans un plat. Arrosez de la sauce saté.

3. Retirez le pédoncule du piment et émincez-le en rondelles de 2 ou 3 mm d'épaisseur. Épluchez l'échalote et taillez-la de la même façon que le piment. Coupez le citron et pressez-le. Dans un bol, mélangez le jus de citron avec le sucre, l'échalote, le piment et 5 cl d'eau, jusqu'à ce que le sucre soit dissous.

4. Faites chauffer l'huile dans une poêle ou sur un gril à feu moyen. Au bout de 3 à 4 min, posez une à une les brochettes et laissez-les cuire 2 à 3 min de chaque côté. Ajoutez le concombre à la sauce et servez-la en accompagnent des brochettes.

PETITES OMELETTES AUX MOULES ET À LA CITRONNELLE

Pour 6 personnes / 30 min de préparation / 15 min de cuisson

Ingrédients

800 g de moules
3 cm de galanga
1 tige de citronnelle
1 citron vert
1 botte de coriandre
¼ de botte de ciboulette thaïe ou ciboule
1 piment rouge
4 feuilles de combava
6 œufs
3 cuil. à soupe de crème de coco
2 cuil. à soupe de nuoc-mâm
4 cuil. à soupe d'huile végétale
Sel, poivre

Matériel

Presse-agrumes

1. Nettoyez les moules sous l'eau froide et brossez-les. Taillez le galanga et la citronnelle en tronçons. Coupez le citron en deux et pressez-le. Effeuillez la coriandre et émincez finement la ciboulette thaïe.

2. Dans un wok ou une grande casserole, mettez les moules avec le jus de citron, la citronnelle, le piment, le galanga et les feuilles de combava. Couvrez et faites cuire à feu moyen pendant 10 min en mélangeant de temps en temps. Toutes les moules doivent s'ouvrir. Coupez le feu, laissez tiédir et décoquillez les moules.

3. Dans un saladier, cassez les œufs et mélangez-les avec la crème de coco, le nuoc-mâm, 2 cuil. à soupe de jus de cuisson des moules, la coriandre, la ciboulette, les moules, un peu de sel et de poivre.

4. Dans 2 petites poêles, faites chauffer à feu moyen l'huile, puis faites-y cuire les omelettes aux moules. Comptez 4 à 5 min de cuisson. Coupez le feu et servez aussitôt.

VARIANTES

Vous pouvez réaliser cette recette avec des coques, des palourdes, des crevettes ou des langoustines. Faites simplement cuire la garniture avant de l'ajouter dans l'omelette.

BOUILLON DE CITRONNELLE AUX LÉGUMES ET CREVETTES GRISES

Pour 6 personnes / 20 min de préparation / 25 min de cuisson

Ingrédients

2 cm de gingembre frais
1 tige de citronnelle
3 feuilles de combava
2 cuil. à soupe de nuoc-mâm
1 gousse d'ail
2 carottes
2 échalotes
1 navet
½ botte de basilic thaï
100 g de crevettes grises
2 cuil. à soupe d'huile de noix de coco
Sel, poivre

1. Épluchez puis hachez grossièrement le gingembre et la citronnelle. Dans une casserole, assemblez les feuilles de combava, la citronnelle et le gingembre, puis couvrez largement d'eau. Ajoutez le nuoc-mâm, un peu de sel et de poivre. Portez à ébullition et laissez cuire 10 min.

2. Pendant ce temps, épluchez l'ail, les carottes, les échalotes et le navet. Taillez tous ces légumes en petits dés. Ciselez finement les feuilles du basilic thaï.

3. Ôtez la citronnelle, le gingembre et les feuilles de combava de la casserole. Ajoutez à la place les légumes et faites cuire à petits bouillons pendant 10 min. Les légumes doivent être moelleux. Ajoutez alors les crevettes grises et versez l'huile de noix de coco. Vérifiez l'assaisonnement. Parsemez de basilic ciselé et servez aussitôt.

SALADE DE MAGRET DE CANARD AU CITRON VERT

Pour 6 personnes / 25 min de préparation

Ingrédients

2 magrets de canard rôtis à la chinoise sans os
1 petit concombre
1 cm de gingembre frais
1 botte de menthe
1 poignée de mesclun de jeunes pousses
1 botte de cerfeuil
1 botte de persil plat
1 botte de coriandre
1 carotte
2 échalotes
1 citron vert
4 cuil. à soupe d'huile végétale
1 cuil. à soupe de nuoc-mâm
1 cuil. à café de sucre de palme ou de cassonade
Environ 10 litchis
2 cuil. à soupe de cacahuètes nature grillées
Sel, poivre

Matériel

Presse-agrumes

1. Épluchez le concombre, fendez-le en quatre dans le sens de la longueur afin de l'épépiner, puis détaillez-le en bâtonnets de 3 à 4 cm de longueur. Placez-les dans une passoire et saupoudrez-les de sel. Laissez-les dégorger le temps de préparer le reste de la recette.

2. Pelez le gingembre et émincez-le en bâtonnets les plus fins possible. Effeuillez toutes les herbes. Épluchez et râpez la carotte. Pelez les échalotes, puis émincez-les finement. Mélangez tous ces ingrédients.

3. Pressez le citron et mélangez le jus avec l'huile, le nuoc-mâm, le sucre, du sel et du poivre. La sauce doit être équilibrée, c'est-à-dire légèrement acide et un peu sucrée. Épluchez et dénoyautez les litchis avant de les couper en quartiers. Taillez les magrets de canard en fins médaillons.

4. Sur un plat de service, présentez la salade d'herbes, puis ajoutez le canard, les litchis, le concombre et la sauce. Parsemez de cacahuètes et servez aussitôt.

SALADE DE PAPAYE VERTE ET TOMATES CERISE

Pour 6 personnes / 30 min de préparation

Ingrédients

1 petite papaye verte
2 carottes
1 poignée de tomates cerise
100 g de petites crevettes grises
1 botte de coriandre

Pour la pâte de piment

2 gousses d'ail
1 petit piment rouge
1 citron vert
3 cuil. à soupe de cacahuètes grillées nature
1 cuil. à soupe de sucre de palme ou de cassonade
3 cuil. à soupe de nuoc-mâm
Sel, poivre

Matériel

Presse-agrumes
Mortier et pilon ou petit mixeur

1. Préparez la pâte de piment. Pour cela, épluchez l'ail et retirez le pédoncule du piment. Pressez le citron. À l'aide du mortier et du pilon ou du mixeur, réduisez en purée les cacahuètes avec le sucre, le piment et l'ail, puis ajoutez le jus de citron, le nuoc-mâm, du sel et du poivre. La sauce doit être piquante et puissante en goût.

2. Épluchez la papaye et coupez-la en quatre afin de retirer les graines et les membranes blanches. Râpez ensuite la chair. Pelez et râpez les carottes. Nettoyez les tomates cerise avant de les tailler en quatre. Décortiquez les crevettes grises en retirant la queue, la tête et les pattes. Effeuillez la coriandre.

3. Dans un plat creux, mélangez la papaye avec les carottes, la pâte de piment et la coriandre. Décorez avec les tomates cerise et les crevettes grises. Servez aussitôt.

SALADE DE BŒUF GRILLÉ PIMENTÉE

Pour 4 personnes / 20 min de préparation / 6 min de cuisson / 5 min de repos

Ingrédients

1 batavia
1 botte de ciboule thaïe
3 échalotes
2 carottes
1 bouquet de menthe fraîche
1 bouquet de coriandre
2 bâtons de citronnelle
2 beaux pavés de rumsteck ou de filet de bœuf
1 poignée de cacahuètes grillées

Pour la sauce

3 cm de gingembre frais
1 piment rouge
1 gousse d'ail
1 cuil. à soupe d'huile de sésame
Le jus de 1 citron vert
3 cuil. à soupe de nuoc-mâm
2 cuil. à café de sucre en poudre
1 cuil. à soupe d'huile de tournesol

1. Lavez et émincez grossièrement la batavia. Ciselez la ciboule, épluchez et émincez les échalotes. Épluchez les carottes et râpez-les. Ciselez les herbes fraîches. Enlevez la première feuille des bâtons de citronnelle ainsi qu'une bonne partie de la tige et émincez finement la partie la plus tendre, vers la base. Mélangez tous ces ingrédients.

2. Sur un gril bien chaud, saisissez les pavés de bœuf à feu vif pendant 2 à 3 min sur chaque face. La viande doit être à peine cuite, seul l'extérieur doit être marqué par la cuisson. Émincez la viande en petites tranches fines sur une planche.

3. Préparez la sauce. Râpez le gingembre, émincez le piment et pressez la gousse d'ail. Mélangez l'huile de sésame, le jus de citron vert, le piment émincé, le gingembre râpé et l'ail pressé. Ajoutez le nuoc-mâm, le sucre et l'huile. Mélangez le tout.

4. Dans de grands bols ou des assiettes creuses, disposez les légumes, les tranches de viande et arrosez de sauce. Laissez reposer 5 min avant de servir, puis saupoudrez de cacahuètes grossièrement concassées.

TOFU SOYEUX AU GINGEMBRE, MENTHE ET CONCOMBRE

Pour 6 personnes / 20 min de préparation

Ingrédients

2 cm de gingembre frais
1 petit concombre
½ botte de menthe
1 botte de coriandre
1 citron vert
1 cuil. à café de sucre de palme ou de cassonade
1 cuil. à soupe de nuoc-mâm
1 cuil. à soupe de sauce soja
400 g de tofu soyeux
Sel

Matériel

Presse-agrumes

1. Pelez le gingembre et coupez-le en bâtonnets les plus fins possible. Épluchez le concombre, fendez-le en quatre dans le sens de la longueur afin de retirer les graines, puis détaillez-le en bâtonnets de 3 ou 4 cm de longueur. Placez-les dans une passoire et saupoudrez-les de sel. Laissez-les dégorger le temps de préparer le reste de la recette.

2. Effeuillez et hachez grossièrement la menthe et la coriandre. Pressez le citron et mélangez le jus avec le sucre, le nuoc-mâm, le gingembre et la sauce soja.

3. Taillez le tofu soyeux en tranches épaisses et répartissez-les sur un plat de service. Parsemez de concombre et d'herbes, puis arrosez de sauce.

VARIANTE

Si vous le désirez, ajoutez dans la sauce un peu de piment de Cayenne ou d'Espelette en poudre.

PAD THAÏ

Pour 6 personnes / 30 min de préparation / 15 min de cuisson

Ingrédients

300 g de nouilles de riz
2 œufs
1 cuil. à soupe de cacahuètes nature grillées
Environ 12 crevettes crues
2 oignons nouveaux
1 botte de ciboulette thaïe
1 botte de coriandre
1 petit piment vert
2 gousses d'ail
2 citrons verts
2 cuil. à soupe de nuoc-mâm
1 cuil. à café de pâte de tamarin
1 cuil. à soupe de sucre de palme ou de cassonade
4 cuil. à soupe d'huile de noix de coco ou végétale
Sel, poivre

Matériel

Presse-agrumes
Pilon et mortier

1. Faites cuire les nouilles *al dente* selon les indications du fabricant, puis égouttez-les. Cassez les œufs dans un bol et battez-les. Faites-les cuire en omelette avec un peu d'huile. Coupez ensuite l'omelette en petits morceaux. Concassez grossièrement les cacahuètes. Décortiquez les crevettes en essayant de garder le dernier anneau de la queue et la tête.

2. Épluchez et hachez les oignons nouveaux. Hachez la ciboulette et effeuillez la coriandre. Retirez le pédoncule du piment, ouvrez-le et épépinez-le. Pelez l'ail. Pressez les citrons. Dans le mortier, écrasez l'ail et le piment au pilon. Ajoutez le jus de citron, le nuoc-mâm, la pâte de tamarin et le sucre.

3. Dans un wok ou une grande poêle, faites cuire les crevettes dans le reste d'huile chaude. Ajoutez ensuite les nouilles et les morceaux d'omelette. Mélangez bien. Versez ensuite la sauce et enrobez-en bien les nouilles afin qu'elles s'en imbibent. Assaisonnez.

4. Pour terminer, agrémentez le plat de ciboulette, d'oignons nouveaux, de coriandre et de cacahuètes. Servez aussitôt.

WOK DE LÉGUMES

Pour 6 personnes / 20 min de préparation / 15 min de cuisson

Ingrédients
1 tête de brocoli
1 poignée de haricots verts
6 mini-épis de maïs
¼ de chou chinois
1 botte de coriandre
2 échalotes
1 piment rouge
1 citron vert
1 cuil. à soupe de sauce soja
1 cuil. à soupe de nuoc-mâm
4 cuil. à soupe d'huile végétale

Matériel
Presse-agrumes

1. Détaillez le brocoli en fleurettes. Équeutez les haricots. Rincez les épis de maïs et coupez-les en deux dans le sens de la longueur. Émincez finement le chou. Effeuillez la coriandre. Épluchez puis émincez finement les échalotes. Retirez le pédoncule du piment, coupez ce dernier en deux, épépinez-le et émincez-le finement également. Pressez le citron.

2. Dans un wok, faites chauffer l'huile 2 à 3 min, puis faites-y revenir le brocoli, les haricots, le chou et le maïs pendant 10 min en remuant souvent. Les légumes doivent être croquants.

3. Versez alors le jus de citron, la sauce soja et le nuoc-mâm. Enrobez bien les légumes et poursuivez la cuisson jusqu'à ce qu'il ne reste presque plus de liquide.

4. Disposez les légumes sur un plat et parsemez-les de coriandre, d'échalotes et de piment. Servez aussitôt.

DAURADE RÔTIE

Pour 6 personnes / 20 min de préparation / 30 min de cuisson

Ingrédients
1 daurade grise vidée (1,2 à 1,4 kg)
4 branches de citronnelle
2 oignons nouveaux
1 poignée de tomates cerise
1 piment rouge frais
1 botte de coriandre
½ botte de basilic thaï
1 botte de ciboulette thaïe
2 citrons verts
2 cuil. à soupe d'huile végétale
2 cuil. à soupe de nuoc-mâm
Sel, poivre

1. Préchauffez le four à 180 °C (th. 6).

2. Émincez la citronnelle en grosses rondelles. Épluchez puis émincez finement les oignons nouveaux. Rincez les tomates cerise et coupez-les en deux. Retirez le pédoncule du piment, coupez-le en deux dans le sens de la longueur afin de l'épépiner, puis émincez-le finement. Effeuillez la coriandre et le basilic, puis ciselez la ciboulette. Coupez les citrons verts en deux.

3. Dans un saladier, mélangez les trois quarts de la citronnelle avec les oignons, les tomates, la ciboulette, le piment et la moitié de la coriandre. Salez et poivrez. Remplissez le poisson de cette farce.

4. Disposez la daurade dans un grand plat. Incisez la peau et parsemez du reste de la citronnelle. Salez, poivrez et arrosez d'huile et de nuoc-mâm. Enfournez pour 30 min de cuisson. À la sortie du four, parsemez la daurade de la coriandre restante et de basilic. Servez-la aussitôt accompagnée des citrons verts.

VARIANTES

Vous pouvez réaliser cette recette avec tous les poissons blancs entiers, comme du mulet ou du lieu jaune. Pour enrichir cette recette, versez 4 cuil. à soupe de crème de coco sur le poisson avant de l'enfourner.

TRUITE DE MER AU CURRY ROUGE EN PAPILLOTE DE BANANIER

Pour 6 personnes / 15 min de préparation / 30 min de cuisson

Ingrédients

½ botte de menthe
1 botte de coriandre
2 oignons nouveaux
1 citron vert
3 cuil. à soupe de pâte de curry rouge
2 cuil. à soupe de nuoc-mâm
4 cuil. à soupe de lait de coco
1 cuil. à café de sucre de palme ou de cassonade
1 feuille de bananier
1 filet de truite de mer sans arêtes (environ 400 g)
2 cuil. à soupe d'échalotes frites
Sel, poivre

Matériel

Presse-agrumes
Cure-dents

1. Préchauffez le four à 190 °C (th. 6-7). Effeuillez la menthe et la coriandre, puis hachez-les grossièrement. Épluchez puis émincez finement les oignons nouveaux. Mélangez-les avec les herbes hachées.

2. Pressez le citron vert et mélangez le jus dans un bol avec la pâte de curry, le nuoc-mâm, le lait de coco et le sucre. Mélangez et vérifiez l'assaisonnement.

3. Disposez la moitié du mélange oignons-herbes au centre de la feuille de bananier et posez le poisson par-dessus. Étalez la pâte de curry assaisonnée sur le poisson, parsemez du reste du mélange oignons-herbes et des échalotes. Refermez la papillote en la maintenant fermée à l'aide des cure-dents.

4. Enfournez la papillote pour 30 min de cuisson. Servez aussitôt à la sortie du four.

CONSEILS

La feuille de bananier peut être difficile à plier, signe qu'elle est sèche. Pour vous faciliter la vie, vous pouvez la faire tremper au préalable dans de l'eau chaude afin de l'assouplir. Si vous ne trouvez pas de feuille de bananier, utilisez simplement une feuille de papier sulfurisé doublée de papier d'aluminium.

POULET RÔTI AU PIMENT VERT ET CORIANDRE

Pour 6 personnes / 20 min de préparation / 1 h 05 de cuisson / 10 min de repos

Ingrédients

3 gousses d'ail
1 petit piment vert
1 citron vert
4 racines de coriandre (ou 1 botte de coriandre)
1 cuil. à café de poivre blanc
1 petit poulet prêt à cuire
4 cuil. à soupe d'huile de noix de coco ou végétale
Sel, poivre

Matériel

Presse-agrumes
Petit mixeur

1. Préchauffez le four à 180 °C (th. 6). Épluchez l'ail. Retirez le pédoncule du piment. Pressez le citron vert.

2. Dans le petit robot, assemblez la coriandre, le jus de citron, le poivre blanc, le piment et l'ail. Mixez jusqu'à l'obtention d'une pâte homogène.

3. Décollez délicatement la peau de la chair du poulet en passant doucement vos doigts sous la peau. En vous aidant d'une petite cuillère, glissez la pâte d'ail sous la peau et placez le poulet dans un plat allant au four. Salez, poivrez et arrosez d'huile.

4. Enfournez le poulet. Au bout de 20 min de cuisson, mettez-le sur une aile et prolongez la cuisson de 15 min. Tournez-le alors sur l'autre aile et laissez à nouveau cuire 15 min. Disposez-le maintenant sur le dos afin que le dessous du poulet grille aussi pendant 15 min supplémentaires. Éteignez le four et penchez encore un peu plus le poulet de façon à ce qu'il ait les pattes en l'air. Laissez-le alors reposer 10 min de sorte que le jus s'écoule dans les blancs de poulet.

5. Coupez le poulet en morceaux et servez-le aussitôt.

CONSEILS

Pour une recette encore plus savoureuse, ajoutez 50 g de beurre demi-sel à température ambiante dans la pâte d'ail. Il fondra pendant la cuisson et imbibera doucement la chair de la viande. Par ailleurs, vous pouvez enrichir cette pâte en y ajoutant un peu de gingembre et d'échalote.

BŒUF « CRYING TIGER »

Pour 6 personnes / 20 min de préparation / 30 min de marinade / 15 min de cuisson

Ingrédients

2 gousses d'ail
2 piments rouges
2 citrons verts
1 cuil. à café de poivre vert
1 tige de citronnelle
2 cuil. à soupe de sauce soja
2 cuil. à soupe de nuoc-mâm
1 cuil. à soupe de purée de tamarin
300 g de filet de bœuf
½ botte de coriandre
1 échalote
4 cuil. à soupe d'huile végétale
Sel, poivre

Matériel

Presse-agrumes
Mixeur

1. Pelez les gousses d'ail. Retirez le pédoncule des piments. Pressez les citrons verts. Dans le bol du mixeur, assemblez l'ail, le poivre vert, la citronnelle, les piments, la sauce soja et nuoc-mâm, le jus de citron et la purée de tamarin. Mixez jusqu'à l'obtention d'une sauce homogène.

2. Taillez la viande en tranches de 1 à 2 cm d'épaisseur, mettez-les dans un plat et arrosez les de sauce. Laissez mariner 30 min. Effeuillez la coriandre. Pelez et émincez finement l'échalote.

3. Égouttez la viande. Dans une poêle, faites chauffer l'huile à feu vif, puis faites rapidement dorer la viande. Il faut qu'elle grille vite afin qu'elle soit entre saignante et bleue à cœur.

4. Retirez la viande de la poêle, coupez-la en médaillons et disposez-la sur un plat chaud. Arrosez d'un peu de sauce et parsemez de coriandre et d'échalote. Servez aussitôt.

BŒUF PANANG AUX AUBERGINES

Pour 6 personnes / 20 min de préparation / 4 h de cuisson

Ingrédients

600 g de joue de bœuf
3 cuil. à soupe de pâte de curry rouge
2 l de lait de coco
2 cuil. à soupe de nuoc-mâm
1 cuil. à soupe de beurre de cacahuètes
1 cuil. à café de sucre de palme ou de cassonade
4 feuilles de combava
200 g de petites aubergines thaïlandaises
½ botte de coriandre
½ botte de basilic
2 cuil. à soupe d'échalotes frites
3 cuil. à soupe d'huile végétale
Sel, poivre

1. Taillez la viande en gros cubes et mettez-les dans une grande casserole. Couvrez d'eau froide et portez à ébullition. Jetez l'eau et égouttez la viande.

2. Dans la casserole, faites chauffer l'huile 3 à 4 min à feu moyen. Versez la pâte de curry et laissez cuire 4 à 5 min. Lorsqu'une forte odeur s'en dégage, ajoutez alors le lait de coco, le nuoc-mâm, le beurre de cacahuètes, le sucre, les feuilles de combava et la viande. Portez à ébullition et faites cuire à feu moyen pendant 3 h 30. La viande doit toujours être recouverte de liquide. Si ce n'est pas le cas, ajoutez un peu d'eau.

3. Retirez le pédoncule des aubergines avant d'ajouter celles-ci dans la casserole. Laissez à nouveau cuire 20 min. Vérifiez l'assaisonnement et la cuisson de la viande ; elle doit être filandreuse et moelleuse.

4. Disposez la viande dans un plat, couvrez de sauce et parsemez de feuilles de coriandre et de basilic, ainsi que d'échalotes frites.

ÉPAULE D'AGNEAU CONFITE AUX ÉPICES THAÏES

Pour 6 personnes / 20 min de préparation / 6 h 30 de cuisson

Ingrédients
400 g d'os de poulet
3 gousses d'ail
2 cm de galanga
1 tige de citronnelle
4 feuilles de combava
1 citron vert
1 épaule d'agneau
4 racines de coriandre
1 piment rouge
1 piment vert
1 cuil. à soupe de sucre de palme ou de cassonade
2 cuil. à soupe de nuoc-mâm
1 botte de coriandre
1 échalote
Sel, poivre

Matériel
Tamis
Presse-agrumes

1. Mettez les os de poulet dans une grande casserole et couvrez largement d'eau. Portez à ébullition et laissez cuire 30 min avant de filtrer le bouillon.

2. Préchauffez le four à 150 °C (th. 5). Pelez puis coupez grossièrement l'ail, le galanga et la citronnelle. Retirez la nervure centrale des feuilles de combava. Pressez le citron vert.

3. Déposez l'agneau dans un grand plat à gratin. Ajoutez le galanga, le jus de citron, la citronnelle, les racines de coriandre, l'ail, les feuilles de combava, les piments, le sucre et le nuoc-mâm. Arrosez du bouillon et couvrez de papier d'aluminium. Enfournez pour 6 h de cuisson en retournant de temps en temps la viande et en vous assurant qu'il reste toujours un fond de jus d'au moins 1 cm.

4. Pendant ce temps, effeuillez la coriandre. Épluchez et émincez finement l'échalote.

5. Au bout de 6 h de cuisson, la viande doit être confite et se détacher extrêmement facilement des os. Servez-la alors après l'avoir parsemée de coriandre et d'échalote.

CURRY DE PORC À L'ANANAS

Pour 6 personnes / 20 min de préparation / 30 min de cuisson

Ingrédients

1 cuil. à soupe de graines de fenouil
300 g de filet ou de filet mignon de porc
½ botte de basilic thaï
½ petit ananas victoria
2 échalotes
1 piment rouge
3 cuil. à soupe de pâte de curry rouge
1 cuil. à soupe de nuoc-mâm
1 cuil. à soupe de sucre de palme ou de cassonade
25 cl de lait de coco
3 cuil. à soupe d'huile de noix de coco ou végétale
Sel, poivre

1. Mélangez les graines de fenouil avec du sel et du poivre. Saupoudrez-en la viande.

2. Effeuillez le basilic. Épluchez l'ananas en retirant bien tous les « yeux » noirs. Éliminez le cœur dur et émincez la chair en fines tranches. Pelez puis émincez finement les échalotes. Donnez quelques coups de couteau dans le piment.

3. Dans une grande poêle ou un wok, faites chauffer l'huile avant d'y faire dorer la viande sur tous les côtés. Sortez-la de la poêle et gardez-la au chaud enveloppée de papier d'aluminium. Ajoutez alors la pâte de curry et les échalotes dans la poêle ou le wok, puis faites cuire 5 min en remuant souvent.

4. Ajoutez le nuoc-mâm, le sucre, le lait de coco et le piment. Portez à ébullition et laissez cuire de 8 à 10 min afin que la sauce épaississe. Incorporez l'ananas et prolongez la cuisson de 5 min. Vérifiez l'assaisonnement et ajoutez la viande de porc préalablement taillée en médaillons. Laissez réchauffer 1 à 2 min, puis parsemez de basilic et servez aussitôt.

VARIANTES

Vous pouvez remplacer l'ananas par de la mangue. À tester également avec du poulet ou du canard.

RIZ AU LAIT DE COCO ET À LA MANGUE, CARAMEL DE SUCRE DE PALME

Pour 6 personnes / 30 min de préparation / 40 min de cuisson / 4 h de réfrigération

Ingrédients

1 gousse de vanille
2 cuil. à soupe de cassonade
50 g de riz rond à dessert ou à risotto
50 cl de lait de coco
1 mangue mûre
100 g de sucre de palme

1. Fendez la gousse de vanille en deux dans le sens de la longueur et grattez l'intérieur pour en retirer les graines. Mélangez-les à la cassonade.

2. Versez le riz dans une casserole d'eau froide et portez à ébullition, puis égouttez-le et rincez-le sous l'eau froide.

3. Remettez le riz dans une casserole. Ajoutez le lait de coco et le sucre vanillé. Portez à ébullition, puis baissez le feu au minimum, couvrez et laissez cuire 30 min. Il faut que le riz absorbe doucement tout le lait de coco afin qu'il soit moelleux et surtout pas croquant sous la dent, signe qu'il n'est pas assez cuit. Mélangez et laissez refroidir à couvert. Versez alors le riz dans un plat creux et laissez-le refroidir au réfrigérateur pendant 4 h.

4. Épluchez la mangue et retirez la chair se trouvant autour du noyau. Émincez-la en fines tranches et disposez-la sur le riz froid.

5. Concassez le sucre de palme et mettez-le dans une casserole avec un fond d'eau. Faites cuire à feu moyen pendant 5 à 7 min afin qu'il fonde et commence à caraméliser doucement. Juste avant de servir, arrosez les mangues du caramel tiède.

VARIANTES

Vous pouvez remplacer la mangue par de l'ananas, des bananes ou encore de la papaye.

AMOK DE POISSON

Pour 4 personnes / 25 min de préparation / 25 à 30 min de cuisson

Ingrédients
1 kg de filet de cabillaud, sans peau
1 noix de gingembre frais
3 tiges de citronnelle
2 gousses d'ail
1 cuil. à café rase de pâte de curry vert
1 poignée de cacahuètes pelées
Quelques feuilles de basilic violet
50 cl de lait de coco
Sel, poivre de Kampot

Matériel
Mortier et pilon
Cuit-vapeur

1. Coupez le poisson en morceaux, salez-le et poivrez-le. Épluchez le gingembre, la citronnelle et l'ail. Hachez assez finement ces aromates, puis essayez de les écraser encore plus finement dans un mortier.

2. Ajoutez le curry vert, les cacahuètes et la moitié du basilic haché. Il faut obtenir une pâte un peu grossière. Versez le lait de coco, petit à petit, en pilant le mélange.

3. Placez le poisson assaisonné dans un plat creux pouvant tenir dans le cuit-vapeur. Versez par-dessus le lait de coco aux aromates. Salez légèrement.

4. Recouvrez le plat de papier film et placez-le dans le cuit-vapeur. Faites cuire pendant 25 à 30 min environ. Sortez le plat du cuit-vapeur, ôtez le papier film, décorez de quelques feuilles de basilic hachées. Servez chaud.

CONSEILS

On sert souvent cette recette dans des feuilles de bananier, mais ce n'est pas impératif. Le basilic violet s'achète dans les épiceries asiatiques.

BŒUF MARINÉ LOC LAC

Pour 4 personnes / 25 min de préparation / 1 h de marinade / 5 min de cuisson

Ingrédients

500 g de bœuf (filet ou faux-filet)
1 oignon blanc
1 oignon rouge
Quelques feuilles de salade
4 gousses d'ail
6 cl de sauce soja
Quelques brins de coriandre
1 cuil. à café rase de Maïzena
6 cl de bouillon de bœuf ou de poule
2 citrons verts
Huile végétale
Poivre noir moulu

1. Coupez le bœuf en dés. Épluchez les 2 oignons, coupez-les en anneaux, lavez la salade. Épluchez l'ail, coupez-le en fines tranches. Dans un bol, mélangez les dés de bœuf, l'ail, la moitié de la sauce soja et 4 pincées de poivre. Laissez mariner pendant au moins 1 h.

2. Étalez les feuilles de salade dans un plat, déposez les anneaux d'oignon par-dessus puis des brins de coriandre. Dans un bol, mélangez le reste de la sauce soja, la Maïzena, le bouillon et le jus de 1 citron vert.

3. Faites chauffer une poêle à feu vif avec un trait d'huile végétale. Ajoutez la viande, faites-la sauter pendant 2 min environ, en mélangeant. Versez d'un coup le bol contenant le mélange de bouillon et de citron vert. Mélangez. Portez à ébullition et retirez du feu.

4. Déposez la viande et sa sauce sur la salade et les oignons. Décorez de quelques brins de coriandre et de quartiers du citron vert restant.

ASTUCE

Préparez le bouillon de bœuf en vous inspirant de l'étape 1 p. 28, remplacez la volaille par du bœuf.

POULET AU CURRY KHMÈRE

Pour 6 personnes / 25 min de préparation / 1 h de cuisson

Ingrédients

1 poulet coupé en morceaux
2 oignons blancs
2 tiges de citronnelle
1 noix de gingembre frais
1 noix de galanga
4 échalotes
2 piments rouges
10 graines de coriandre
10 grains de poivre de Kampot ou de poivre noir
1 graine de cardamome
1 cuil. à soupe rase de curcuma
50 cl de lait de coco
1 botte de coriandre fraîche
Huile végétale
4 pincées de sel

Matériel

Mortier et pilon

1. Coupez le poulet en morceaux. Faites chauffer de l'huile dans une cocotte. Faites dorer les morceaux de poulet pendant 15 min puis ajoutez les oignons préalablement coupés en anneaux. Laissez cuire 5 min de plus en remuant de temps à autre.

2. Pendant ce temps, épluchez la citronnelle, le gingembre, le galanga et les échalotes. Hachez les. Épépinez les piments, hachez les également. Dans un mortier, réduisez en poudre les graines de coriandre, le poivre et la cardamome. Ajoutez les piments et les aromates épluchés et hachés précédemment. Ajoutez le curcuma et le sel. Continuez à piler, versez un peu de lait de coco pour faciliter la tâche et obtenir une pâte.

3. Ajoutez le reste du lait de coco et la pâte d'épices et aromates au poulet, mélangez. Portez à ébullition, couvrez et laissez mijoter pendant 40 min.

4. Retirez du feu. Dégraissez un peu la sauce si besoin et parsemez de coriandre hachée.

CONSEILS

Servez très chaud, avec un riz blanc nature en accompagnement.
Avec ces 2 piments, cette recette est assez brûlante... adoucissez-la en supprimant l'un des piments et en ajoutant 1 cuil. à soupe de sucre à la pâte d'épices.

PORC HACHÉ SAUTÉ

Pour 4 à 6 personnes / 25 min de préparation / 25 min de cuisson

Ingrédients

500 g de porc frais haché (poitrine ou échine)
1 piment rouge
4 échalotes
4 gousses d'ail
1 blanc de poireau
1 morceau de gingembre
Quelques grains de poivre de Kampot concassés
Quelques graines de coriandre concassées
Le jus de 1 citron vert
6 cuil. à soupe de nuoc-mâm
6 cuil. à soupe de sauce soja
1 cuil. à soupe de sucre
15 cl de bouillon de poule ou de bœuf
1 cuil. à soupe de Maïzena
Quelques brins de ciboule et de coriandre
Huile végétale
Sel, poivre

Matériel

Wok

1. Hachez le piment, les échalotes, l'ail, le poireau et le gingembre. Faites chauffer un peu d'huile dans un wok, à feu assez vif. Ajoutez la viande et faites-la sauter avec le poivre, la coriandre et un peu de sel, pendant quelques minutes, en remuant sans arrêt. Ajoutez tous les aromates et épices, le jus du citron vert, le nuoc-mâm, la sauce soja, le sucre et le bouillon. Laissez mijoter pendant 20 min environ. Salez et poivrez, si besoin est.

2. Délayez la Maïzena avec un peu d'eau. Versez le tout dans la sauce en mélangeant bien, afin de l'épaissir. Ajoutez, pour finir, les brins de ciboule et de coriandre hachés. Servez très chaud, dans des bols individuels.

CONSEIL

Servez avec un riz blanc parfumé nature en accompagnement (voir étape 1 p. 14).

BROCHETTES DE CALAMARS

Pour 4 personnes / 25 min de préparation / 15 à 20 min de cuisson

Ingrédients

4 calamars prêts à cuire
1 piment rouge
1 gousse d'ail
10 brins de coriandre
Le jus de 1 citron vert
10 cuil. à soupe de nuoc-mâm
8 cuil. à soupe de sauce soja
1 cuil. à soupe rase de sucre de palme ou de sucre roux
Huile végétale
Sel, poivre

Matériel

4 ou 8 brochettes

1. Embrochez chaque calamar avec 1 ou 2 brochettes. Huilez-les légèrement, salez et poivrez. Faites-les griller pendant 15 à 20 min en les retournant de temps en temps.

2. Hachez le piment rouge, l'ail et la coriandre. Dans un bol, mélangez le jus du citron vert, le nuoc-mâm, la sauce soja, le piment rouge, l'ail, la coriandre et le sucre.

3. Retirez les calamars du feu quand ils sont cuits. Avec une cuillère à soupe, nappez-les généreusement de sauce au piment.

CONSEIL

Servez les brochettes avec une salade, une salade de vermicelles ou un riz blanc en accompagnement (voir étape 1 p. 14).

VARIANTES

Préparez aussi ces brochettes avec des crevettes ou du poisson comme de la lotte ou du dos de cabillaud, par exemple.

TAROS VAPEUR AU LAIT DE COCO

Pour 4 personnes / 15 min de préparation / 25 min de cuisson

Ingrédients
4 beaux taros
20 cl de lait de coco
4 cuil. à soupe de sucre roux
Quelques feuilles de menthe
Matériel
Cuit-vapeur

1. Avec un petit couteau bien affûté, pelez entièrement les 4 taros. Plongez-les dans de l'eau froide au fur et à mesure.

2. Placez les taros épluchés dans le cuit-vapeur et faites-les cuire pendant environ 25 min. Quand les taros sont presque cuits, versez le lait de coco dans une casserole et faites-le chauffer un peu.

3. Répartissez les taros dans 4 assiettes creuses. Écrasez-les très sommairement avec une fourchette.

4. Au dernier moment, versez le lait de coco sur les taros écrasés et chauds, saupoudrez de sucre roux et agrémentez le tout de quelques feuilles de menthe. Servez ainsi.

VARIANTES

Vous pouvez agrémenter ce dessert de quelques fruits rouges : framboises, fraises, groseilles, etc.

5. CORÉE

RAVIOLIS CORÉENS FRITS

Pour 4 à 6 personnes / 1 h 30 de préparation / 20 min de cuisson

Ingrédients

Pâte pour raviolis
Huile végétale

Pour la farce

1 morceau de gingembre
4 gousses d'ail
4 oignons nouveaux
10 tiges de ciboule
50 g de kimchi
¼ de chou chinois
350 g de porc frais haché
6 cuil. à soupe de sauce soja
1 œuf
Sel, poivre

Pour la sauce

1 morceau de gingembre
7 ou 8 tiges de ciboule
3 pincées de sucre
25 cl de sauce soja
10 cl de vinaigre noir chinois
1 cuil. à soupe d'huile de sésame
2 cuil. à soupe de coriandre fraîche hachée

1. Préparez la farce. Épluchez et hachez le gingembre, l'ail et les oignons. Hachez aussi la ciboule, le kimchi et le chou chinois. Dans un saladier, mélangez le porc haché avec le kimchi haché, la sauce soja, du poivre, du sel et l'œuf. Ajoutez le gingembre, l'ail, la ciboule, les oignons et le chou hachés, afin d'obtenir une farce assez homogène.

2. Préparez la sauce. Épluchez et hachez le gingembre et la ciboule. Dans un bol, mélangez ces aromates aux autres composants de la recette.

3. Formez les raviolis. Avec un rouleau à pâtisserie, étalez les sections de pâte en petits cercles d'environ 7 à 8 cm de diamètre. Déposez une noix de farce au milieu des cercles de pâte. Humectez le bord des cercles de pâte (une moitié seulement), sans toucher la farce. Scellez soigneusement les raviolis : rabattez la pâte, scellez-les en appuyant bien sur les 2 bords de pâte pour y enfermer la farce. Plissez les bords de pâte, toujours en appuyant. Mettez de côté, au frais, sur un plat fariné.

4. Faites bouillir un grand volume d'eau. Plongez doucement les raviolis (tout ou une partie) dans le liquide brûlant. Mélangez très délicatement. Quand l'ébullition reprend, comptez 2 min de cuisson, à petite ébullition. Égouttez les raviolis avec une écumoire.

5. Huilez une grande poêle, rangez des raviolis les uns à côté des autres, assez serrés, puis faites chauffer à feu moyen. Laissez les raviolis se colorer d'un seul côté, sans les retourner. Servez-les ainsi, très chauds, avec la sauce d'accompagnement.

À SAVOIR

Le kimchi est du chou fermenté. Vous en trouverez dans les épiceries asiatiques.

KIMCHI
CHOU CHINOIS
wang
김치
NET WT / POIDS NET

SOUPE AU CHOU CORÉENNE

Pour 4 à 6 personnes / 35 min de préparation / 10 min de cuisson / 10 à 12 h de réfrigération

Ingrédients
1 oignon blanc
2 nashis (poires asiatiques)
½ chou chinois
10 brins de ciboule
250 g de daïkon frais (ou de radis blanc)
1 carotte
10 gousses d'ail
1 cuil. à soupe rase de piment en poudre coréen
2,5 l de bouillon de volaille (voir étape 1 p. 28)
Sel, poivre

Matériel
Gaze

1. Épluchez l'oignon et les poires, ôtez les pépins. Coupez-les en tranches pas trop épaisses. Coupez le chou en lanières de 1 cm, hachez grossièrement la ciboule, coupez le daïkon et la carotte préalablement épluchés en tranches pas trop épaisses. Épluchez les gousses d'ail et coupez-les en lamelles.

2. Enfermez le piment dans un morceau de gaze très fine. Dans une cocotte, assemblez tous les ingrédients de la recette. Portez à ébullition, salez, poivrez et retirez du feu. Plongez le balluchon de piment dans la soupe pendant 1 à 2 min, puis retirez-le.

3. Placez ensuite la soupe dans le réfrigérateur pendant 10 à 12 h. Servez cette soupe très froide, dans des bols individuels.

CONSEIL

Plus vous laissez le balluchon de piment dans la soupe, plus elle sera forte. Il est normal qu'elle prenne une teinte légèrement rouge-orangé. Mais vous pouvez aussi la servir nature, sans le piment.

BIBIMBAP

Pour 4 personnes / 45 min de préparation / 7 à 8 min de cuisson

Ingrédients

200 g de faux-filet ou de filet de bœuf
Riz cuit nature (voir étape 1 p. 14)
1 pomme de terre
1 carotte
1 concombre
2 poignées de shiitakés
4 œufs
2 poignées de germes de soja
1 cuil. à soupe de graines de sésame
Huile de sésame
Huile végétale
Sel, poivre

Pour la marinade

2 gousses d'ail écrasées
8 cuil. à soupe de sauce soja
2 cuil. à soupe de miel liquide

Pour la sauce pimentée

2 cuil. à soupe de pâte de piment rouge coréenne
1 cuil. à soupe de miel liquide
5 cl de bouillon de volaille

1. Préparez la marinade en mélangeant tous les ingrédients avec 1 cuil. à soupe d'huile de sésame. Coupez le bœuf finement, mélangez-le avec la marinade, mettez de côté.

2. Épluchez la pomme de terre et la carotte. Râpez-les grossièrement. Coupez le concombre en tranches. Coupez les shiitakés en quatre. Cassez les œufs, récupérez le jaune dans une demi-coquille, sans le percer. L'opération est plus facile à faire avec des œufs bien froids. Dans une poêle ou un wok, faites sauter la pomme de terre et la carotte salées et poivrées avec un peu d'huile pendant 7 à 8 min, puis mettez de côté. Faites ensuite sauter les shiitakés de la même manière, puis les germes de soja.

3. Préparez la sauce pimentée, pour cela, mélangez tous les ingrédients ensemble avec 1 cuil. à soupe d'huile de sésame et 1 cuil. à café de graines de sésame préalablement écrasées. Réservez.

4. Faites cuire le riz comme indiqué en étape 1 p. 14 et répartissez-le dans 4 grands bols. Déposez côte à côte le mélange pomme de terre-carotte, le concombre, les shiitakés, les germes de soja et enfin le bœuf que vous aurez fait sauter rapidement à la poêle avec un peu d'huile. Déposez au centre le jaune d'œuf. Parsemez de graines de sésame et arrosez de quelques gouttes d'huile de sésame. Présentez la sauce pimentée à part.

CONSEIL

Préparez le bouillon de volaille en suivant les indications de l'étape 1 p. 28.

ŒUFS SAUTÉS EN GALETTE

Pour 4 à 6 personnes / 15 min de préparation / 15 min de cuisson

Ingrédients
200 g de farine
1 sachet de levure
2 œufs frais
1 oignon blanc
2 blancs de poireaux
1 cuil. à soupe de kimchi
1 poignée de moules décoquillées (ou de crevettes, poisson...)
6 brins de ciboule
8 cuil. à soupe de sauce bulgogi
Graines de sésame
Piment en poudre coréen
Huile végétale
Sel, poivre

1. Dans un saladier, mélangez 15 cl d'eau avec la farine, la levure puis les œufs. Mélangez bien avec un fouet afin d'éliminer les éventuels grumeaux. Épluchez l'oignon blanc, coupez-le en anneaux. Faites cuire ces anneaux à la poêle, avec un peu d'huile, pendant 7 à 8 min. Retirez du feu et mettez de côté.

2. Coupez les blancs de poireaux en tranches assez fines. Faites-les cuire à la poêle avec un peu d'huile, du sel et du poivre, pendant 7 à 8 min. Retirez du feu et mettez de côté. Coupez grossièrement le kimchi.

3. Ajoutez à la pâte aux œufs le kimchi, les poireaux, les moules, la ciboule préalablement hachée, du sel et du poivre. Versez un peu d'huile dans une grande poêle. Déposez les oignons en les divisant en 4 petits tas. Versez de la pâte par-dessus afin de former 4 crêpes ressemblant un peu à des blinis.

4. Faites cuire sans trop laisser colorer. Retournez les crêpes et terminez la cuisson. Déposez les crêpes dans les assiettes, ajoutez par-dessus un peu de sauce bulgogi, des graines de sésame et un soupçon de piment en poudre.

CONSEIL

Servez avec des germes de soja, du riz blanc (voir étape 1 p. 14) et des légumes au vinaigre en accompagnement.

VARIANTES

Vous pouvez garnir la pâte à crêpes de moules, mais aussi de légumes ou de viandes, comme un reste de poulet rôti par exemple.

RAGOÛT DE POULET AU SOJA FERMENTÉ

Pour 4 à 6 personnes / 35 min de préparation / 20 min de cuisson

Ingrédients

4 blancs de poulet, sans peau
1 carotte
1 oignon blanc
½ blanc de poireau
1 noix de gingembre frais
4 gousses d'ail
4 oignons nouveaux, avec leurs fanes vertes
2 pommes de terre cuites
4 shiitakés
1 cuil. à soupe de kimchi
5 cl de saké
4 cuil. à soupe de sirop de maïs
5 cl de sauce teriyaki
35 cl de bouillon de volaille (voir étape 1 p. 28)
1 cuil. à soupe de miso
Huile de sésame
Huile végétale
Sel, poivre

1. Coupez les filets de poulet en lanières, salez, poivrez et mettez-les de côté. Épluchez la carotte et l'oignon blanc, lavez le poireau, coupez ces légumes en morceaux. Épluchez le gingembre, l'ail et les oignons nouveaux, émincez-les.

2. Dans une cocotte, faites revenir l'oignon, la carotte et le poireau avec un peu d'huile végétale pendant quelques minutes. Pendant ce temps, coupez les pommes de terre en morceau et les shiitakés en tranches. Ajoutez le poulet, le gingembre, l'ail, les oignons nouveaux (sauf une coupelle de fanes, à réserver pour la finition), le kimchi, les pommes de terre et les shiitakés. Mélangez et laissez cuire pendant 5 min.

3. Ajoutez le saké, le sirop de maïs, le teriyaki, le bouillon et le miso. Mélangez, laissez mijoter à feu doux pendant 10 à 15 min.

4. Terminez la recette en ajoutant un peu d'huile de sésame et les fanes d'oignons nouveaux réservées.

VARIANTES

Dans cette recette, on peut aussi ajouter des germes de soja, des vermicelles et du chou chinois.

BARBECUE CORÉEN

Pour 4 à 6 personnes / 35 min de préparation / 5 min de cuisson

Ingrédients

600 g de bœuf finement coupé (filet ou faux-filet)
Shiitakés, jeunes poireaux, chou chinois, poivrons, champignons...
Huile de sésame

Pour la marinade

2 cuil. à soupe de poireau
1 noix de gingembre
4 gousses d'ail
2 cuil. à soupe de mirin
2 cuil. à soupe de saké
16 cl de sauce teriyaki
1 cuil. à café de sucre

Pour la sauce

2 cuil. à soupe de mirin
6 cuil. à soupe de saké
5 cl de sauce teriyaki
1 cuil. à café de sucre
2 tiges de ciboule
Pincées d'épices shichimi
1 cuil. à soupe de graines de sésame

1. Hachez très finement le poireau, le gingembre et l'ail. Dans un saladier, mélangez délicatement le bœuf avec tous les ingrédients de la marinade et 2 cuil. à soupe d'huile de sésame. Disposez ensuite la viande dans un grand plat.

2. Préparez les légumes et placez-les aussi dans un plat. Préparez la sauce en mélangeant ensemble tous les ingrédients avec 2 cuil. à soupe d'huile de sésame. Répartissez-la ensuite dans 4 à 6 coupelles, selon le nombre de convives.

3. Faites chauffer le réchaud. Chaque convive dépose un peu de viande et/ou de légumes sur le réchaud et les déguste avec un peu de sauce.

CONSEILS

Servez avec un riz blanc nature en accompagnement (voir étape 1 p. 14).
Très souvent, la viande du barbecue coréen n'est pas marinée... Ainsi, elle conserve sa belle couleur rouge. Dans ce cas, la sauce d'accompagnement est tout à fait indispensable.
Utilisez un réchaud pour barbecue coréen pour réaliser cette recette.

FONDUE CORÉENNE

Pour 4 à 6 personnes / 35 min de préparation

Ingrédients
600 g de bœuf
1 oignon blanc
½ chou chinois
6 shiitakés
6 champignons de Paris
1 carré de tofu
6 jeunes poireaux
1 poignée de liserons d'eau
1 poignée d'épinards
1 poignée de pâtes udon
32 cl de saké
18 cl de mirin

Pour le bouillon
2 l de bouillon de bœuf
10 cl de sauce soja
45 g de sucre en poudre roux
Pâte de piment coréen

Pour la sauce
4 tiges de ciboule
10 cl de sauce teriyaki
2 cuil. à café de sucre
Pâte de sésame
3 pincées d'épices shichimi
Huile de sésame

1. Dans une casserole, assemblez 20 cl de saké et 10 cl de mirin avec tous les ingrédients du bouillon, à l'exception de la pâte de piment. Faites chauffer, portez à ébullition, laissez bouillir 1 min puis versez dans le poêlon à fondue. Gardez au chaud, couvrez, sans laisser bouillir. Au dernier moment, ajoutez 1 cuil. à soupe de pâte de piment coréen.

2. Coupez la viande finement. Épluchez l'oignon blanc, coupez-le en tranches pas trop fines. Coupez le chou chinois en tranches épaisses. Ôtez la queue des shiitakés, coupez-les en deux, coupez les champignons de Paris en grosses tranches, découpez le tofu en cubes, taillez les poireaux lavés en tronçons biseautés de 1,5 cm, lavez les liserons d'eau, coupez-les en tronçons. Lavez les épinards.

3. Préparez la sauce. Hachez la ciboule. Mélangez ensemble tous les ingrédients avec 1 cuil. à café de pâte de sésame, 2 cuil. à soupe d'huile de sésame, 12 cl de saké et 8 cl de mirin. Répartissez ensuite la sauce dans 4 à 6 coupelles, selon le nombre de convives.

4. Les convives font ensuite cuire la viande, les udons et les légumes au fur et à mesure, dans le bouillon frémissant, presque bouillant. Il ne faut pas oublier de tremper légèrement chaque bouchée dans la sauce d'accompagnement.

CONSEILS

Très souvent, on déguste cette fondue avec de l'œuf battu cru, servi dans un bol, un peu à la manière japonaise.
Utilisez un réchaud de table à gaz pour fondue pour réaliser cette recette.

CRÊPES AUX AMANDES

Pour 4 à 6 personnes / 40 min de préparation / 10 min de cuisson / 2 à 3 h de réfrigération

Ingrédients

65 g d'huile végétale + pour la cuisson

Pour la pâte

250 g de farine + pour le plan de travail
2 œufs
8 cl de lait
20 g de sucre en poudre
10 g de levure de boulanger
1 pincée de sel

Pour le fourrage

60 g de sucre roux
80 g d'amandes en poudre

1. Préparez la pâte. Versez la farine dans un saladier. Dans un autre saladier, battez ensemble les œufs, le lait, le sucre, la levure, 25 g d'huile et le sel. Ajoutez cette préparation à la farine puis mélangez afin d'obtenir une pâte assez souple. Laissez-la reposer dans le réfrigérateur pendant 2 à 3 h.

2. Préparez le fourrage. Dans un bol, assemblez le sucre roux, les amandes en poudre et 40 g d'huile.

3. Avec vos mains, roulez la pâte froide en un cylindre de 50 à 55 cm de long, découpez-le en 10 à 12 sections. Farinez le plan de travail. Prenez une section de pâte, étalez-la un peu, déposez du fourrage, refermez la boule sur elle-même afin d'emprisonner le fourrage.

4. Étalez délicatement les boules de pâte afin d'obtenir des cercles ressemblant à des petits blinis de 8 à 9 cm de diamètre. Faites chauffer une poêle avec un peu d'huile, puis faites cuire les crêpes à feu très, très doux, pendant 8 à 10 min, en les retournant une ou deux fois. Dégustez chaud.

CONSEIL

Si vous n'emprisonnez pas hermétiquement le fourrage dans les boules de pâte, il s'en échappera au cours de la cuisson.

6. INDONÉSIE

SAMBAL DE FRUITS DE MER

Pour 6 à 8 personnes / 25 min de préparation / 20 min de cuisson

Ingrédients
200 g de queues de crevettes
200 g de calamars
200 g de filet de lotte
2 oignons blancs
1 morceau de galanga
1 morceau de gingembre frais
2 belles tomates
80 cl de lait de coco
1 cuil. à café rase de terasi
1 cuil. à soupe de sambal oelek
4 gousses d'ail
200 g de moules décoquillées
Quelques brins de ciboule
Quelques brins de coriandre
1 citron vert
Huile végétale
Sel, poivre

1. Décortiquez les queues de crevettes, coupez les calamars en anneaux, et la lotte en morceaux. Pelez et hachez les oignons blancs. Dans une cocotte ou un wok, faites chauffer un bon trait d'huile végétale. Ajoutez les crevettes, les calamars et la lotte. Salez et poivrez. Laissez cuire 5 min puis ajoutez les oignons. Mélangez délicatement. Laissez cuire pendant 5 min.

2. Hachez le galanga et le gingembre, coupez les tomates en dés. Ajoutez ensuite le lait de coco, le terasi, le sambal oelek, l'ail, le galanga, le gingembre et les tomates. Mélangez, ajoutez les moules et 5 cl de leur jus de cuisson filtré. Couvrez, laissez mijoter pendant environ 10 min.

3. Pendant ce temps, hachez la ciboule et la coriandre. Sortez le sambal du feu, ajoutez-les, pressez le citron vert par-dessus, servez bien chaud.

À SAVOIR

Le sambal oelek est une pâte de piment fermentée assez facile à trouver en épiceries asiatiques. Il est indispensable pour réaliser cette recette.

PURÉE DE PIMENT - VERSE SAMBAL OELEK
辣椒醬

SATÉ DE POISSON

Pour 4 à 6 personnes / 25 min de préparation / 30 min de cuisson

Ingrédients

800 g de lotte
2 oignons blancs
2 aubergines cuites au four
2 belles tomates
1 morceau de galanga
1 morceau de gingembre frais
60 cl de lait de coco
1 cuil. à soupe rase de pâte de cacahuètes
Saté en poudre
1 cuil. à café rase de pâte de curry vert
4 gousses d'ail
2 citrons verts
2 cuil. à soupe de sucre
Quelques brins de ciboule
Quelques brins de coriandre
2 cuil. à soupe de cacahuètes pelées
Huile végétale
Sel, poivre

1. Coupez la lotte en tranches ou en tronçons. Pelez et hachez les oignons blancs. Coupez les aubergines en morceaux, les tomates en tranches. Hachez le galanga et le gingembre. Dans une cocotte ou un wok, faites chauffer un bon trait d'huile végétale. Ajoutez les tranches de lotte. Salez et poivrez. Laissez cuire 5 min puis ajoutez les oignons. Mélangez délicatement. Laissez cuire pendant 5 min.

2. Ajoutez ensuite les aubergines, le lait de coco, la pâte de cacahuètes, 1 cuil. à soupe de saté, le curry vert, les gousses d'ail, le galanga et le gingembre, le jus des citrons verts, les tomates et le sucre. Mélangez, portez à ébullition, puis couvrez et laissez mijoter doucement pendant environ 20 min. Pendant ce temps, hachez la ciboule.

3. Retirez du feu, salez et poivrez si besoin est. Terminez la recette en saupoudrant un peu de saté puis en parsemant le plat de ciboule, de quelques brins de coriandre et de cacahuètes.

CONSEILS

Certaines poudres de saté sont très fortes, d'autres le sont beaucoup moins. Adaptez les quantités à utiliser selon la nature du saté et vos propres goûts.

SATÉ DE POULET

Pour 4 personnes / 25 min de préparation / 1 h 20 de cuisson

Ingrédients

Graines de coriandre
4 pincées de graines d'anis
2 graines de cardamome
1 cuil. à café rase de graines de cumin
4 pincées de noix muscade
1 poulet coupé en morceaux
2 oignons blancs
1 poivron rouge
1 belle aubergine
1 morceau de gingembre
4 belles tomates
60 cl de lait de coco
1 clou de girofle
2 feuilles de laurier
1 brin de thym frais
1 cuil. à soupe rase de pâte de cacahuètes
Saté en poudre
4 gousses d'ail
1 morceau de galanga
2 citrons verts
2 cuil. à soupe de sucre
Brins de ciboule et coriandre

1. Concassez aussi finement que vous le pouvez 1 cuil. à café de graines de coriandre, d'anis, de cardamome et de cumin avec la muscade. Salez et poivrez le poulet puis assaisonnez-le avec ces épices.

2. Pelez et hachez les oignons. Coupez le poivron en dés et l'aubergine en tranches. Dans une cocotte ou un wok, faites chauffer un bon trait d'huile végétale. Faites-y dorer le poulet pendant 15 min en mélangeant puis ajoutez les oignons. Mélangez délicatement, laissez cuire pendant 5 min. Ajoutez le poivron et l'aubergine. Mélangez.

3. Hachez le gingembre. Coupez les tomates en tranches. Ajoutez ensuite le lait de coco, le clou de girofle, le laurier, le thym, la pâte de cacahuètes, 1 cuil. à soupe de saté, les gousses d'ail, le galanga, le gingembre, le jus des citrons verts, les tomates et le sucre. Mélangez et portez à ébullition. Laissez mijoter doucement, à couvert, pendant 1 h environ.

4. Retirez du feu, salez et poivrez si besoin est. Hachez la ciboule. Terminez la recette en saupoudrant un peu de saté puis en parsemant le plat de ciboule et de quelques brins de coriandre.

RIZ SAUTÉ

Pour 4 personnes / 25 min de préparation / 25 min de cuisson

Ingrédients
4 œufs
Quelques brins de coriandre
2 ou 3 tiges de ciboule
150 g de riz long nature
1 carotte
2 oignons
3 gousses d'ail
1 petit blanc de poireau
1 noix de gingembre frais
1 blanc de poulet sans peau
5 pincées de coriandre en poudre
1 cuil. à soupe de sambal oelek
Huile végétale
Sel, poivre

1. Cassez les œufs dans un bol. Hachez la coriandre et la ciboule et ajoutez-les. Salez et poivrez. Battez les œufs avec une fourchette comme pour une omelette. Faites-les cuire à la poêle (ou dans un wok), avec un peu d'huile et à feu très vif, en les remuant constamment. Transférez les œufs cuits dans une assiette. Rincez et essuyez la poêle.

2. Préparez le riz selon les indications sur le paquet et gardez-le au chaud. Épluchez la carotte et râpez-la. Épluchez les oignons et l'ail. Hachez-les séparément. Hachez le blanc de poireau. Épluchez et hachez le gingembre. Découpez le poulet en dés ou en lanières. Salez et poivrez.

3. Faites chauffer la poêle avec un bon trait d'huile. Ajoutez la carotte, le poireau, le gingembre, les oignons. Faites cuire le tout pendant 5 min, sans laisser colorer. Ajoutez le poulet, laissez cuire pendant encore 5 min en remuant. Ajoutez le riz, la coriandre en poudre, le sambal oelek, l'ail, du sel et du poivre.

4. Faites sauter le riz pendant environ 10 min, à feu moyen, sans le laisser colorer. Terminez la recette en incorporant les œufs. Mélangez bien pour les répartir dans le riz. Servez bien chaud.

LÉGUMES URAP

Pour 4 personnes / 25 min de préparation / 1 h 20 de cuisson

Ingrédients
2 aubergines
1 poivron
1 chayotte
1 oignon blanc
1 banane plantain
1 morceau de courge ou de potimarron
1 poignée de haricots mangetout
3 gousses d'ail
1 noix de gingembre frais
1 blanc de petit poireau
1 cuil. à soupe rase de curcuma
5 pincées de coriandre en poudre
1 cuil. à soupe de sambal oelek
1 l de lait de coco
1 citron vert
Quelques tiges de ciboule
1 trait d'huile de piment
Noix de coco râpée
Huile végétale
Sel, poivre

1. Faites cuire les aubergines au four et coupez-les en gros morceaux, épépinez et coupez le poivron, en carrés ou en lanières, coupez la chayotte de la même manière. Épluchez l'oignon et détaillez-le en tranches. Épluchez la banane et la courge, coupez-les en tranches, en dés ou en lanières. Équeutez les haricots mangetout. Épluchez et hachez l'ail et le gingembre. Lavez le poireau, coupez-le finement.

2. Dans une cocotte, faites chauffer un peu d'huile végétale. Ajoutez le poireau et le gingembre. Laissez cuire un peu, puis ajoutez tous les autres légumes et les épices. Versez aussi le lait de coco et le jus du citron vert. Salez et poivrez.

3. Portez à ébullition, couvrez et laissez mijoter 1 h. Hachez la ciboule. Quand les légumes sont bien cuits et parfaitement tendres, retirez la cocotte du feu. Goûtez, assaisonnez et ajoutez la ciboule et l'huile de piment. Saupoudrez de noix de coco râpée.

CONSEIL

Servez chaud avec un riz blanc en accompagnement (voir étape 1 p. 14).

Carrément cuisine

Découvrez tous les titres de la collection !

100 RECETTES
sans gluten

100 RECETTES
de wok

100 RECETTES
d'Asie

100 RECETTES
de grands classiques
français

100 RECETTES
de tartes

100 RECETTES
de cocktails

100 RECETTES
détox

100 RECETTES
de pâtes

100 RECETTES
d'apéros végétariens

Crédits des recettes :
Alexandra Beauvais : p. 54 ; Alexia Janny Chivoret : p. 18 ; Thomas Feller : pp. 20, 58, 60, 64, 66, 68, 70, 72, 74, 76, 78, 84, 86, 88, 90, 92, 94, 96, 98, 102, 104, 106, 108, 110, 112, 114, 116, 118, 120, 122, 124, 126, 128, 130, 132, 134, 136, 138, 140, 142, 146, 148, 150, 152, 154, 158, 160, 162, 164, 166, 168, 170, 172, 174, 176, 178 ; Isabelle Guerre : pp. 16, 156 ; Loïc Hanno : p. 82 ; Stéphan Lagorce : pp. 14, 28, 32, 34, 36, 46, 48, 50, 52, 62, 180, 182, 184, 186, 188, 190, 194, 196, 198, 200, 202, 204, 206, 208, 212, 214, 216, 218, 220 ; Audrey Le Goff : pp. 30, 38, 40, 42, 44 ; Mélanie Martin : p. 26 ; Chihiro Masui & Yumiko Saito : pp. 22, 24 ; Emilie Perrin : p. 80.

Crédits des photographies :
© Pierre Chivoret : p. 19 ; © Valéry Guédès : p. 27 ; © Franck Hamel : p. 55 ; © Françoise Nicol : pp. 15, 29, 31, 33, 35, 37, 39, 41, 43, 45, 47, 49, 51, 53, 63, 181, 183, 185, 187, 189, 191, 195, 197, 199, 201, 203, 205, 207, 209, 213, 215, 217, 219, 221 ; © Aline Princet : pp. 17, 81, 83, 103, 105, 107, 109, 111, 113, 115, 117, 119, 121, 123, 125, 127, 129, 131, 133, 135, 137, 139, 141, 143, 147, 149, 151, 153, 155, 157, 159, 161, 163, 165, 167, 169, 171, 173, 175, 177, 179 ; © Bernard Radvaner : pp. 21, 23, 25, 59, 61, 65, 67, 69, 71, 73, 75, 77, 79, 85, 87, 89, 91, 93, 95, 97, 99.

Direction : Catherine Saunier-Talec

Responsable éditoriale : Céline Le Lamer

Éditrice : Juliette Spiteri

Responsable artistique : Antoine Béon

Conception graphique et couverture : Pauline Ricco

Fabrication : Amélie Latsch

Partenariats : Sophie Morier (smorier@hachette-livre.fr)

L'éditeur remercie Manon Bergna pour son aide précieuse.

Dépôt légal : Février 2016

25-8669-5/01

ISBN : 978-2-01-171379-7

Imprimé en Italie par Stige.

Pour l'éditeur, le principe est d'utiliser des papiers composés de fibres naturelles, renouvelables, recyclables et fabriqués à partir de bois issus de forêts qui adoptent un système d'aménagement durable. En outre, l'éditeur attend de ses fournisseurs de papier qu'ils s'inscrivent dans une démarche de certification environnementale reconnue.